Victimes françaises du Hamas
Leur histoire, notre silence

Rachel Binhas

Victimes françaises du Hamas

Leur histoire, notre silence

Éditions de L'Observatoire

ISBN : 979-10-329-3463-0
Dépôt légal : 2024, octobre

170 *bis*, boulevard du Montparnasse, 75014 Paris

« La vie est un long pont étroit au-dessus du précipice, avance, n'aie pas peur. »

Rabbi Nahman de Bratslav
(1772-1810)

« Vous vous trompez sur le passé, il ne reste pas intact. Le temps est une lèpre qui le fait tomber par petits bouts. »

Erri De Luca, *Impossible*

Introduction

Silence et oubli : les Franco-Israéliens du 7 octobre

Ils ont été blessés, kidnappés, massacrés le 7 octobre 2023, là où ils se pensaient totalement protégés : en Israël. À l'heure où ces lignes sont écrites, deux otages français seraient encore vivants et retenus certainement dans un des tunnels de Gaza. Qui, en France, peut citer leur nom ? Les victimes ayant aussi la nationalité française qui ont croisé la route sanglante du Hamas – que ce soit dans ce festival de musique Nova dédié aux « amis de l'amour et de la liberté infinie », dans les kibboutz peuplés de pacifistes ou sur les routes du sud du pays – ne sont pas seulement invisibilisées depuis l'événement, elles ont été gommés de nos débats politiques sur le conflit, comme gommées de la vie française. Si l'on débat, violemment souvent, de la guerre en cours, aucune place, si ce n'est marginale dans des cercles familiaux ou communautaires tels le groupe « Nous vivrons », ne leur a jamais été accordée. Or, les liens qu'ont ces victimes avec la France sont multiples, des liens de famille à la hauteur des liens forts qui unissent le monde juif français avec Israël.

Car la nationalité française représenterait bien la première nationalité étrangère parmi les victimes du massacre issu de l'acte terroriste appelé par ses initiateurs « l'opération Déluge d'al-Aqsa », du nom de la plus grande mosquée de Jérusalem. Cette mosquée symbolique fut construite au VIIe siècle sur ce que les Juifs nomment le mont du Temple, dont le soubassement est aussi le lieu où se situe le mur des Lamentations – où les Juifs n'ont pu récupérer la possibilité de prier qu'en 1967, dix-neuf ans après la création de l'État d'Israël et la guerre des Six Jours.

Avec 42 morts, le 7 octobre est ainsi le quatrième attentat le plus meurtrier de l'histoire impliquant des victimes de nationalité française, après les attentats de Paris le 13 novembre 2015 (130 morts), l'attaque de Nice le 14 juillet 2016 (86 victimes) et l'explosion du DC-10 d'UTA organisé par la Lybie de Kadhafi en septembre 1989, où 54 Français perdirent la vie.

Notre silence ou l'absence de compassion qui entoure, ici, les victimes comme les otages français ou franco-israéliens – qu'ils aient rejoint Israël dans le cadre de ce que les Juifs de la diaspora appelle l'alyah, ou qu'ils soient nés en Israël de parents français et soucieux de transmettre cette part de leur identité - est d'autant plus douloureux pour leurs familles que les liens avec l'Hexagone demeurent forts, comme un attachement à des origines que l'on garde ainsi qu'un bien familial, malgré tout. Ces liens dépassent le simple statut administratif.

Tous ces liens familiaux et amicaux, historiques, auraient dû nous amener à considérer la perte de compatriotes, de même que la situation des otages, pour ce qu'elles sont : un événement français. C'est peu de dire qu'il peine à être reconnu comme tel. À près de trois mille kilomètres de nous, c'est aussi un drame national impliquant la France qui s'est joué. Pourtant, rares sont les municipalités qui ont accroché le portrait des victimes françaises sur le fronton de leur hôtel de ville. Certaines l'ont fait ; d'autres se sont contentées d'un service minimum. La plupart n'ont rien fait. De même, pas de grandes manifestations, de spots télévisés, d'ouverture des journaux de 20 heures qui rappellent le nombre de jours d'odieuse privation de liberté, de torture pour les familles - comme cela avait été fait pour la Franco-Colombienne Íngrid Betancourt retenue par les FARC pendant six ans dans la forêt colombienne. Ou pour les journalistes Christian Chesnot et Georges Malbrunot, otages en Irak pendant plusieurs mois en 2004. Ou encore, en 1985, pour les otages détenus au Liban, les diplomates Marcel Carton et Marcel Fontaine, les journalistes Michel Seurat et Jean-Paul Kauffmann. Près de trois ans de captivité, pendant lesquels tout fut fait pour qu'ils ne sombrent pas dans l'oubli. Les otages français du Hamas sont au contraire sortis très vite de notre paysage mental, comme un abandon. Il nous faut tenter de comprendre pourquoi, en partant de l'histoire intime de ces Français juifs, et ainsi tenter de leur redonner une place, tant leur histoire devrait être aussi la nôtre. Les sortir de l'oubli.

Rares sont ceux, en France, qui connaissent leur nom : le nombre de nos compatriotes morts sous le ciel d'Israël est de 42. Peut-être sont-ils trop nombreux pour qu'on s'en souvienne ? L'explication serait un peu courte.

Ils ont des prénoms divers, Elia, Céline, Carmela, d'autres encore, des prénoms qui sont souvent autant issus du patrimoine linguistique français qu'israélien. Ils ont été blessés, violés, tués, enlevés. Aucun de ces Français n'a pu échapper à l'enfer du 7 octobre 2023, et à ses suites.

Un an après, leurs proches, en France ou en Israël, n'échappent pas au traumatisme généré par ces terribles heures. Les cercles de ceux qui ont vu leur vie bouleversée ne s'arrêtent pas aux frontières de Gaza, ne s'arrêtent pas aux frontières d'Israël. Le temps de la souffrance se conjugue encore au présent. Ils ont accepté de se confier et de revenir, parfois heure par heure, sur cette journée de bascule où près de 1 200 personnes, des civils pour la plupart, ont perdu la vie. Parmi eux, 36 enfants et environ 70 étrangers, n'ayant pas la nationalité israélienne. Malgré les polémiques suscitées par l'absence du chef de l'État lors de la marche contre l'antisémitisme le 12 novembre 2023 – alors que François Mitterrand avait participé à la manifestation à la suite de la profanation du cimetière juif de Carpentras en 1990 –, dans l'ensemble, le gouvernement français a fait tout ce qui était en son pouvoir pour venir en aide aux familles françaises victimes du 7 Octobre. Du ministère des Affaires étrangères à l'Élysée, la mobilisation a été totale, prenant parfois des formes inattendues comme faire droit, après coup, à l'obtention de la citoyenneté française à certaines victimes qui avaient tardé à lancer les démarches.

Ce livre est une manière de leur rendre hommage, de fixer leur mémoire, de faire que leur histoire ne tombe pas dans l'oubli. Et de rappeler à quel point ce terrorisme tant islamiste qu'antisémite, qui visait des Israéliens comme des Juifs, peut s'abattre sur tous ceux qui apparaissent comme des entraves à leur projet. Les islamistes n'ont d'amis que ceux qui leur ressemblent en tout point. C'est le drame qui s'est ajouté au drame pour les jeunes du festival Nova ou pour les héritiers des kibboutz sionistes socialistes qui espéraient la paix.

PREMIÈRE PARTIE

Nos victimes, leur histoire

L'histoire de ces familles, c'est celle de Français ayant quitté notre pays autant pour fuir l'antisémitisme que par « sionisme », c'est-à-dire mus par la volonté de contribuer à la construction du foyer national juif qu'est Israël.

Israël ne peut être réduit à son gouvernement, quel qu'il soit. Ce serait faire fi des critiques les plus virulentes qui s'expriment dans le pays concernant les opérations militaires menées à Gaza. Des voix s'élèvent chaque jour pour demander la fin de la colonisation en Cisjordanie, celles, par exemple, des militants du mouvement La Paix maintenant, depuis 1978. En Israël, les partis contestant l'idée même du sionisme sont représentés au Parlement, la Knesset.

À l'origine de la création de l'État juif, beaucoup furent bons voisins avec les Palestiniens ; d'autres furent d'abord motivés par des considérations religieuses, jusqu'à vivre paisiblement en autarcie. Ces émigrants, comme la plupart de ces enfants de parents français, n'avaient pas coupé les relations avec notre pays - qui demeurait le leur, tant juridiquement qu'affectivement. La culture, la langue française continuaient de les habiter, transmises ou apprises. Si l'État français ne les a pas abandonnés sur le plan administratif, et les accompagne au plus près (nous verrons comment), ils regrettent ce qu'ils décrivent comme une profonde solitude devant une société française peu compatissante à leurs yeux. Un déni qui alimente chez eux cette idée que la France ne veut plus des Juifs.

Leur parcours de vie peut illustrer le malaise des Juifs de France. Seuls ou en famille, ils ont quitté la France il y a dix, vingt ou trente ans, avec comme premier motif pour certains de fuir l'antisémitisme et de construire une famille à l'abri de la haine des Juifs. D'autres ont fait leur alyah afin de se rapprocher de Dieu. Le 7 octobre, ils ont été frappés au plus fort au sein de l'État hébreu. Aujourd'hui, les rescapés et leur famille essayent de penser la vie d'après. Il y a ceux qui cherchent à faire vivre la mémoire de leur proche assassiné, blessé ou enlevé en libérant leur parole à travers les médias ; ceux qui vivent leur douleur en silence, dans un cercle restreint ; et d'autres, particulièrement fragiles, dont l'instabilité émotionnelle rend impossible toute forme d'action.

1

Quelques portraits d'innocents

Des proches ont accepté de se confier, de raconter leur histoire et celle de ceux qui ont connu directement les atrocités de la journée noire. Des récits qui parlent autant d'Israël que de la France.

Elia, le généreux

Cadet d'une famille franco-israélienne de cinq enfants, Elia Toledano a 28 ans quand ses amis insistent pour qu'il soit des leurs au festival de musique Tribe of Nova. Passionné de musique, chanteur hors pair et affable, Elia organise depuis plusieurs années des événements comme des mariages ou des bar-mitsvah. Le jeune homme n'est pas un aficionado de la techno et de la trance, il préfère les chants religieux ou les karaokés qu'il met en place chaque semaine pour ses proches. L'entrepreneur a grandi dans une famille religieuse, à Bnei Brak, au cœur du judaïsme ultra-orthodoxe haredi dans la ville, un courant religieux où seuls les hommes ont le droit de chanter en public, conformément à une interprétation stricte de la loi mosaïque. Au fil des ans, celui qui a étudié en yeshivah, c'est-à-dire au sein d'un institut supérieur où les étudiants ne se consacrent qu'à l'étude approfondie de la Torah et du Talmud, s'est éloigné de ce milieu rigoriste. Tout en continuant à travailler avec des religieux. Sociable, Elia est entouré en permanence de trois ou quatre amis.

De bonne composition, il accepte au dernier moment, dans la nuit du 6 au 7 octobre, de les accompagner au festival Nova pour leur faire plaisir, dit-il. Avec sa meilleure amie franco-israélienne également, Mia Schem, âgée de 21 ans, il se rend sur le site, près du kibboutz de Réïm, à cinq kilomètres de la frontière gazaouie. Au milieu du désert du Néguev, il est un des plus de trois mille fêtards venus du monde entier. Ces jeunes du monde, joyeux et pacifistes, se sont donné rendez-vous pour passer du temps ensemble du vendredi soir au samedi midi. Ils sont là pour écouter la musique concoctée par les DJ, et danser. Une aire de camping près des arbres, plusieurs bars et trois scènes musicales... Cette première édition israélienne d'Universo Paralello, un festival de musique lancé au Brésil vingt ans auparavant, a tout pour être un succès. Elle va entrer dans l'histoire comme une tragédie d'une ampleur et d'une cruauté inédites.

Le samedi matin, les pieds dans le sable, Elia et Mia font partie de ceux qui observent le soleil se lever. Elia a perdu son téléphone portable dans la nuit - qu'importe, il profite de ces précieux moments. Des festivaliers dansent au rythme de la techno. Mais à 6 h 30, la musique s'arrête subitement. L'alerte rouge est déclenchée ; la sirène hurle à l'ensemble des participants qu'il faut se protéger. Des roquettes tirées par le Hamas à partir de Gaza prennent la forme d'étincelles dans le ciel. Le système de défense « Dôme de fer » les neutralise avant qu'elles puissent atteindre leur cible. Les Israéliens sont habitués à ces tirs ; ils ne s'en inquiètent plus. Certains continuent à danser, persuadés qu'il s'agit d'une énième attaque interceptée par le Dôme. Mais Elia prend la chose très au sérieux. Il se tourne vers Mia ; les amis décident de quitter les lieux sans traîner. Mia, qui aime conduire le SUV récent d'Elia, se met au volant, et la voiture prend la direction du nord. Ils ne le savent pas, mais ils prennent la route 232, une direction qui va devenir la « route de la mort ». Les terroristes du Hamas sont à quelques kilomètres de là, en embuscade, tirant dans les pneus de chaque véhicule tentant de quitter les lieux. Au bout d'une quinzaine de minutes, à la sortie d'un virage, la voiture essuie les tirs des kalachnikovs et s'enfonce dans le bas-côté. Impossible de repartir. Une odeur de fioul se dégage du véhicule, Mia et Elia descendent et se cachent derrière le SUV. Mia est blessée, une balle a touché son bras. « Je vais mourir, je vais mourir ! » lâche-t-elle en larmes à Elia qui essaie de la rassurer. Le jeune homme prend le téléphone de son amie et envoie des messages à leurs proches avec sa géolocalisation. Il ne connaît pas le numéro de son grand frère, Daniel, qu'il a le réflexe de contacter dès qu'il rencontre un problème... Les services de secours préviennent par écrit qu'il faut rester caché ; ils ne peuvent rien faire dans l'instant. Tout à coup, un terroriste du Hamas surgit. Il saisit le jeune homme, lui attache mains et pieds et le sépare de Mia.

Au fur et à mesure que le pays prend conscience du drame, à la fin de shabbat le samedi soir pour les pratiquants, les familles tentent de joindre leurs proches disparus. Les Toledano tentent d'avoir des nouvelles d'Elia. Très vite, une seule question les hante : Elia et Mia sont-ils en vie, otages à Gaza, ou ont-ils été tués ? Il n'y avait pas de caméra de surveillance à cet endroit. Dans les heures qui suivent, comme pour bien des proches des victimes du

7 octobre, il s'agit d'obtenir des informations sur un père, un frère, une épouse, une fille... Entre les blessés graves, les blessés plus légers, les témoins cachés, les morts et les personnes enlevées, chacun va mobiliser ses réseaux pour tenter de sortir de la terrible incertitude.

Daniel prend en charge les opérations. « J'ai choisi d'être optimiste, car l'espoir est une aide précieuse pour surmonter cette période », se souvient-il, avec lucidité. Dès le 7 octobre, dans ce pays où tout le monde se connaît, Daniel appelle un de ses amis qui a un contact au Shin Bet, le service de renseignement intérieur israélien : « Si l'on veut être efficace, il faut leur poser une question très précise. En l'occurrence, j'ai demandé à mon ami d'interroger tous les jours son contact à propos de mon frère : est-il en vie ou non ? » Mais l'État hébreu est dépassé par les événements, aucune réponse ne peut lui être apportée immédiatement. Beer-Sheva, Ashdod, Ashkelon... Pendant une semaine, le jeune homme de 33 ans va faire le tour des hôpitaux du sud du pays. À la recherche de son frère. Il va voir ces blessés – en vie, mais que l'on ne parvient pas à identifier. Sans résultat. Il se rend à la morgue aussi. Dans les jours qui suivent, Daniel regarde toutes les photos et les vidéos qu'il trouve, cherchant Elia sur chaque image.

Après deux semaines, l'armée demande à le voir, elle a des informations. On lui annonce qu'Elia a été « probablement kidnappé », tout en précisant qu'aucun élément ne permet de savoir si l'otage est toujours en vie, quelque part à Gaza. Daniel, qui travaille comme commercial dans le secteur automobile, met sa vie professionnelle et personnelle entre parenthèses. Ne pense plus qu'à son frère. Il contacte les journalistes étrangers et notamment français afin que l'histoire d'Elia puisse franchir les frontières, avec l'espoir que cela aidera dans les négociations pour sa libération. Trois semaines après l'enlèvement de son frère, Daniel se rend en France avec une délégation de familles de victimes ayant aussi la nationalité française pour rencontrer le président de la République, Emmanuel Macron. Ils espèrent, paradoxe de la situation, qu'être français représente dans cette situation un avantage que n'auraient pas les autres otages n'ayant « que » la nationalité israélienne.

Après cinquante jours, arrive une nouvelle qui donne espoir : Tsahal révèle à la famille Toledano qu'Elia serait probablement toujours en vie. La souffrance est allégée du pire ; les hommes pris en otage sont généralement considérés comme des soldats par le Hamas et peuvent être immédiatement exécutés. Et ce même si Elia, comme étudiant en yeshivah, a été exempté du service militaire. Le 30 novembre, après cinquante-cinq jours de détention à Gaza, Mia Schem est libérée. Daniel redouble d'énergie, il se rend à nouveau en France, veut mobiliser les instances de l'Union européenne, va à Strasbourg, à Bruxelles...

Le jeudi 14 décembre 2023, aux alentours de 23 heures, son téléphone sonne. Ce qu'il redoute lui est annoncé : son frère a été tué à Gaza ; le corps a été récupéré par l'armée israélienne. Daniel sait que sa famille, selon la tradition orthodoxe, souhaitera enterrer le corps le plus vite possible, avant le shabbat qui commence le vendredi soir, au coucher du soleil. Hélas, aucun vol ne lui permet de rentrer le soir même. Il arrive en Israël le vendredi, deux heures après la fin des funérailles. « Pour moi, Elia est mort deux fois », souffle-t-il avec émotion. Avec une énergie douloureuse, il appelle le responsable du cimetière et lui intime l'ordre d'ouvrir le lieu malgré la fermeture pour qu'il puisse se recueillir. Le gardien accepte. Daniel découvre, abattu, la tombe de son frère. Le drame aurait pu s'arrêter là, mais le Hamas n'en n'avait pas fini avec les Toledano. Deux heures avant la fin de shiva - le deuil de sept jours dans le judaïsme -, le groupe terroriste diffuse une vidéo d'Elia. Vivant. Dans un des tunnels où il a été retenu. Une manière de torturer les proches des victimes, de garder l'emprise d'une terreur sur les proches, d'augmenter leur douleur. Le terrorisme du Hamas est aussi psychologique.

Jusqu'au bout, les proches d'Elia ont espéré le revoir vivant. « La double nationalité peut être un atout pour les otages, une véritable chance pour être libéré », souligne Daniel. Bien qu'ils aient choisi Israël pour construire leur vie, les Toledano se sentent toujours profondément français, liés à la France. Cette France que l'on a souhaité quitter pour mieux vivre son judaïsme, comme recours. Un tragique paradoxe : « À la maison, il n'y avait rien de marocain, nous étions de culture française. Autrement dit, je n'ai pas grandi avec des plats épicés ! » raconte avec tendresse Daniel. « Toute la famille nous répétait que l'on n'était pas seulement israélien, mais aussi français », ajoute l'aîné de la famille. Arrivé à la crèche vers 3 ans en Israël, Daniel ne parle alors que français, sa mère, française, ayant tenu à lui apprendre sa langue première. Cela n'a pas été sans lui poser des problèmes avec les autres : aucun enfant ne lui adressait la parole, personne ne le comprenant. C'est à ce moment-là que ses parents ont compris tout l'enjeu de l'intégration. Daniel et ses frères et sœurs ont alors été élevés en hébreu exclusivement, dans le but d'éviter toute forme d'isolement social. Les autres enfants ne maîtrisent que l'hébreu. C'est aussi le cas d'Elia.

Aujourd'hui, la famille tente de se reconstruire, même si le deuil est loin d'être terminé. Ne pas oublier Elia. Et comment oublier ? Opération militaire à Gaza, tirs de roquettes... La situation du pays rappelle en permanence les épreuves que traversent les familles. Daniel n'imagine pas quitter le pays, ne serait-ce que parce que la sépulture de son frère est ici. Peut-être un jour, comme une page que l'on souhaite tourner. Mais « le jour d'après n'est pas encore arrivé », conclut Daniel.

Reouven, le déterminé

Dans la pieuse maison d'Armand Benfrech, père de famille installé en Israël depuis 1988, ce 7 octobre est un jour chômé, le foyer est « shomer shabbat », c'est à dire littéralement « respectueux du shabbat ». C'est pour les Israéliens laïques le signe qu'on est en présence d'une famille très religieuse. Armand et son épouse, française également, vivent sur la côte méditerranéenne, à Ashkelon, au sud du pays. Son fils Reouven, membre de l'unité de police antiémeute Yassam, a décidé de passer shabbat avec ses parents ; sa femme est chez les siens. Vers 6 h 30, Reouven, son jeune frère et ses parents sont tirés de leur sommeil par une pluie de roquettes. Les habitants d'Ashkelon sont habitués aux sirènes, ils vivent depuis des années malgré eux au rythme des roquettes tirées de Gaza - située à une dizaine de kilomètres de leur ville. Comme tous, ils espèrent que le fameux « Dôme de fer » les interceptera à temps. Mais cette fois-ci, la situation est différente. Le nombre dépasse ce qu'ils ont pu connaître jusqu'à présent : des roquettes parviennent à atteindre les habitations.

Le jeune homme de 26 ans reçoit un message sur son téléphone portable. Son unité lui demande de les rejoindre au plus vite, à trente kilomètres au sud, à Netivot, pour récupérer son matériel de combat. Il n'a que son arme sur lui. À ce moment-là, personne n'a une claire idée de la situation. Reouven saute dans sa voiture - une Honda - et prend la route sans se douter un instant de ce qu'il va vivre. À la moitié du chemin, sur la double voie, le jeune homme découvre des cadavres jonchant le sol, certains sans tête. Il accélère en slalomant entre les corps, et par réflexe professionnel, ou instinct de survie, saisit son arme et la charge. Une semaine auparavant, il a suivi une formation qu'il a particulièrement appréciée : neutraliser un terroriste en voiture. Il voit sur sa gauche douze soldats israéliens lui faisant signe de s'arrêter à leur hauteur. Leur véhicule est à proximité. Reouven s'exécute, s'approche, jusqu'à s'arrêter devant eux. Il découvre alors que ce ne sont pas des Israéliens, mais des ennemis armés de kalachnikovs. La main gauche sur le volant, il dirige son bras droit armé vers un des hommes du Hamas, tire, et le tue. Le policier appuie sur l'accélérateur, ne peut éviter les trois balles de kalachnikov qui atteignent sa main gauche, son bras, son tibia. Les terroristes grimpent dans leur véhicule et le poursuivent. Ce sont près de neuf balles supplémentaires qui atteindront son siège ; trois viendront se loger dans son dos. Reouven est plus rapide et réussit à prendre de l'avance. Il atteint un premier moshav, ces villages coopératifs qui, contrairement au kibboutz, ne sont pas issus de la tradition collectiviste socialiste. Un Israélien avec une formation d'infirmier tente de panser ses plaies. Reouven perdra ce jour-là trois litres de sang. Le sortir dans ces conditions de la voiture est impossible : le tibia a explosé sous l'impact de la balle et son dos est atteint. Il ne peut pas non plus utiliser son téléphone portable – le sang l'a rendu inutilisable. L'infirmier lui prête le sien et Reouven arrive à joindre son père : « Dis à maman que je l'aime, je t'aime aussi, je me suis battu jusqu'au bout », glisse-t-il avant de raccrocher. Les terroristes sont à ses trousses. Son ange gardien ne peut rien de plus pour lui, il lui faut reprendre la route et chercher un endroit sûr. L'infirmier retourne se cacher. Ce matin-là, Reouven fera douze kilomètres blessé. Au moshav de Yoshivia, il est enfin pris en charge et transporté à l'hôpital. À Ashkelon, sa famille est paniquée, Armand n'arrive pas à joindre son fils. Avec son dernier fils, ils se mettent en route avec l'espoir de le trouver vivant dans un des hôpitaux de la région. C'est d'abord dans l'hôpital de Barzilai, à Ashkelon, qu'ils se rendent. Armand commence à mesurer l'ampleur des événements. Autour de lui, c'est la cohue, les lits sont pris d'assaut, les couloirs occupés par les blessés parfois gravement atteints.

Armand est perdu. Dans l'immédiat, personne ne peut lui dire si son fils fait partie des présents. Le personnel médical est débordé. Armand est confronté à ces scènes insoutenables, des visages ravagés par les balles, des hommes et des femmes défigurées. Des soignants appliquent des compresses sur des plaies béantes avant de jeter les cotons au sol. De l'urgence, on passe à l'état critique. Armand apprend que son fils n'est pas un des blessés de l'hôpital. Entre-temps, l'infirmier israélien qui avait prêté son téléphone à Reouven l'appelle pour l'informer que son fils devrait être toujours en vie, pris en charge au centre hospitalier de Soroka, à Beer-Sheva, à une heure de là.

Armand s'y rend et retrouve son fils dans cet autre hôpital tout aussi débordé que le premier. Les deux se situent au sud du pays, là où les Palestiniens ont mené leur opération. Les blessures de Reouven sont graves, mais moins importantes que d'autres.

Sa prise en charge ne peut donc être immédiate. Le jeune homme le sait. Armand se met à la recherche d'un hôpital réputé pour les soins orthopédiques dont Reouven aura particulièrement besoin. Le chirurgien griffonne une lettre sur un bout de papier à destination de ce troisième hôpital. Une ambulance les emmène vers ce nouveau lieu, au nord du pays.

Reouven passera sept mois hospitalisé et subira huit opérations, dont une greffe de tibia. Deux des trois balles logées dans le dos pourront être extraites, les chirurgiens ne toucheront pas à la troisième, placée trop près de la colonne vertébrale. Son épouse demeure en permanence à ses côtés. Elle s'occupe de son mari, le lave. Une chance, que mesure sa belle-famille. Dans ces situations, bien des couples éclatent ; résister à ces bouleversements est une épreuve. C'est une des épreuves intimes d'Israël demain que de savoir ce que ce seront les effets de l'après-guerre. Reouven est désormais en rééducation ; la greffe d'os ne prend pas comme les médecins l'auraient souhaité.

Armand et sa femme bénéficient d'un suivi psychologique avec l'aide de l'association One Family, qui prend en charge la cure. Armand n'est pas en état de reprendre son emploi. L'État israélien, selon son modèle anglo-saxon, n'accorde aucun soutien à la famille de Reouven pour les soins psychologiques, pas d'aide financière à la suite de son arrêt de travail. « La France a fait plus pour moi qu'Israël », glisse Armand. Le gouvernement israélien n'a ni le temps ni les effectifs pour contacter les familles de victimes, la guerre est la priorité. Sa famille étant inscrite auprès du consulat comme citoyens français, le consul général de France à Tel-Aviv, Matthieu Clouvel-Gervaiseau, est plusieurs fois venu voir Reouven à l'hôpital ; Reouven a été invité à l'hommage aux victimes du 7 octobre en France, ainsi que l'ambassadeur de France en Israël ; il a eu un échange avec le président de la République. Reouven compte rencontrer des médecins en France afin d'avoir un autre regard médical sur sa délicate greffe.

Les Benfrech font partie de ces familles franco-israéliennes victimes de l'opération terroriste du 7 octobre 2023. Si Reouven est né à Jérusalem, sa mère vient de Sarcelles et a habité toute sa jeunesse à Pierrefitte-sur-Seine, et son père, d'origine algéroise, a grandi à Paris, dans le XIIe arrondissement. Après une rencontre à Strasbourg, le couple a fait son alyah, avec comme projet de fonder une famille dans leur nouvelle patrie. Sans rompre pour autant toute attache avec le pays où ils sont nés. La mère de Reouven, ancienne correctrice de journaux en France, a mis un point d'honneur à ce que ses enfants apprennent sa langue maternelle. Ainsi,

Reouven parle et lit sans grande difficulté la langue qui fut aussi celle de Rachi, le grand rabbin qui vécut à Troyes au Moyen Âge. Quant à Armand, il souhaite un jour faire découvrir à sa famille le bassin d'Arcachon qu'il affectionne tant.

Mais, depuis le samedi noir, difficile pour les Benfrech de faire des plans. L'avenir dépend des évolutions médicales. Reouven ne peut se projeter comme il le souhaiterait, vu son état de santé encore incertain. Il était policier depuis deux ans. Difficile de savoir dans quelle mesure il pourra poursuivre sa carrière, qui lui tenait tant à cœur. Le traumatisme touche l'ensemble de la famille. Le père de Reouven a dû arrêter de travailler, l'État israélien connaît une crise économique profonde du fait de la guerre, et encore moins qu'auparavant n'arrive à assumer l'ensemble des besoins sociaux – dans un pays où, avant la guerre, 22 % des Israéliens vivaient sous le seuil de pauvreté. Sa mère est encore sous le choc, malgré un suivi psychologique dont elle bénéficie grâce à One Family.

Leurs interrogations sont complexes sur le plan psychique, pour des personnes qui ont justement fait leur alyah afin de trouver un lieu où vivre leur judaïsme sans crainte : doivent-ils quitter Israël pour parvenir à tourner cette douloureuse page ? Pour Armand, qui vit en Israël depuis plus de trente-cinq ans, rentrer en France n'est pas une option : « J'aime la France que j'ai connue, mais le pays a trop changé. » Ce qui ne l'empêche pas de rêver à un lieu de vie plus serein, « un endroit calme, au milieu des forêts... ». Loin de la guerre et de ses répercussions.

Céline, jeune mère libre

Ce samedi 7 octobre, Céline Ben David Nagar voulait profiter de sa dernière journée de congé maternité à la suite de la naissance de son premier enfant, une petite Ellie. Âgée de 32 ans, cette jeune femme de Villeurbanne était secrétaire juridique dans un cabinet d'avocats d'affaires en Israël. C'est là qu'elle a rencontré Ido, devenu son mari. Un coup de cœur réciproque pour ces deux jeunes au début de leur vie d'adulte qui rêvaient depuis longtemps de rencontrer l'amour et de fonder une famille. Joviale, fêtarde, libre, Céline est juive et pratique un judaïsme libéral. Ce qui explique aussi sa présence sur la route du festival de musique Nova le samedi, jour de shabbat, alors que les Juifs religieux, pendant ce jour de repos hebdomadaire, se rendent à la synagogue et restent en famille, ne conduisent pas et n'utilisent pas l'électricité. Avec un couple d'amis, Adir et Shiraz, la jeune mère de famille souhaite aller danser, faire la fête. Elle veut écouter l'un des DJ français, qui va animer ce qui promet d'être un grand concert. Son mari garde la petite à la maison, à Holon, dans la banlieue sud de Tel-Aviv. À bord du 4x4 Suzuki d'Adir et Shiraz, les trois amis sont sur la route tôt ce matin, ce 7 octobre, en direction du kibboutz de Réïm, au sud du pays, à cinq kilomètres de la bande de Gaza. À partir de 7 h 11, Ido n'a plus aucune nouvelle. Le véhicule sera retrouvé criblé de balles, mais avec peu de sang, laissant supposer que personne n'a été blessé mortellement. C'est le début d'une longue descente aux enfers pour les proches de Céline.

Pendant dix jours, Ido, son frère Samuel, et son amie du lycée, Yaelle, à la tête du comité de soutien à Céline, cherchent sans relâche à avoir des nouvelles, obtenir des informations des autorités israéliennes et françaises, mobiliser les médias. Et répondent aux sollicitations des journalistes. Les photos de Céline, le visage encadré par de belles boucles noires, le regard doux et le sourire apaisé, tenant sur certains clichés Ellie dans ses bras, font le tour du monde. La campagne de recherche bat son plein. Une conférence de presse est organisée à l'hôtel Carlton de Tel-Aviv devant soixante journalistes internationaux, en présence de la petite Ellie qui est devenue « la petite fille de France ». Ido se bat et répète : « Je ferai tout ce qu'il faut pour Céline, c'est la femme de ma vie. » Le couple est sur le point de fêter ses deux ans de mariage.

L'espoir de tous : que Céline ait été prise en otage. Dans le cas contraire, cela signifierait qu'elle est morte. Certains participants du festival ont réussi à se cacher sur place dans les bois à proximité des massacres ; mais, après trois jours, les proches de Céline savent que cette possibilité n'en est plus une. Dans cette situation tragique, de terribles questions parcourent le pays alors que les femmes ont été particulièrement torturées, violées et martyrisées : doit-on souhaiter que sa femme, sa fille soit otage du Hamas à Gaza, ou bien croiser les doigts pour qu'elle ait été tuée le jour de l'attaque terroriste ? Atroce questionnement. Renforcé par la mise en ligne, par le Hamas, de vidéos de menaces - ou de vidéos de jeunes femmes prisonnières à qui les soudards du Hamas affirment froidement qu'elles n'échapperont pas au viol. Mais il faut espérer la vie plutôt que la mort. La famille de la jeune mère voit dans l'hypothèse du kidnapping le souffle de la vie. Elle ne veut retenir que cela. Tous le savent, ou l'espèrent, sa double nationalité, franco-israélienne, peut représenter un avantage dans des négociations en vue d'une libération. Cela représente une possibilité de la faire sortir de Gaza, alors qu'Israël est dépassé par les événements. L'inquiétude est d'autant plus grande que la jeune femme suit un traitement à la suite d'une ablation de la thyroïde, et n'a pas ses médicaments.

Chez lui, à Holon, Ido ne parvient plus à manger ni à dormir. Dans le malheur, la solidarité s'organise instinctivement. Apprenant qu'Ellie était allaitée, des mères d'enfants en bas âge du quartier viennent à la rencontre d'Ido avec des glacières contenant... du lait maternel. Une banque de lait qui repose sur une chaîne de solidarité. Eden, la tante d'Ellie, lui donnait également le sein en attendant le retour de Céline.

Débordées par le nombre de morts et l'état des corps, les autorités israéliennes mettent du temps à identifier toutes les victimes. Dans les sites particulièrement touchés par les massacres, des archéologues israéliens ont été dépêchés pour récupérer les restes de corps à l'aide d'outils conçus pour les fouilles archéologiques. Les annonces sont faites aux familles au fur et à mesure. Des trois, le premier à être annoncé mort est Adir. Plus tard, c'est le corps de Shiraz qui est retrouvé. « Cela ne veut pas dire qu'il en va de même pour Céline, écrit Ido au groupe de soutien. Continuez de garder espoir. »

Mais, dans la soirée, il faut s'y résoudre : Céline fait également partie des morts du 7 octobre. La famille a reçu la visite tant redoutée des représentants de l'armée israélienne qui viennent frapper à votre porte pour officialiser la triste issue.

Que lui est-il arrivé ce jour-là ? Tôt le matin, Céline et ses deux amis roulent dans le 4x4 Suzuki en direction du festival quand les sirènes retentissent. Les roquettes traversent le ciel. Ils suivent donc la procédure dans ce type de situation : sortir de la voiture et rejoindre un des nombreux abris. Ils en trouvent un à proximité du kibboutz de Mefalsim. Céline écrit à son mari : « Ça tire toujours, mais tout va bien. » Inquiet, Ido, qui devait venir la chercher au festival autour de minuit, lui propose alors de la rejoindre. Mais Céline est persuadée qu'ils sont en train d'être sauvés : « Ne t'inquiète pas, c'est bon, les soldats arrivent. Mon Dieu, quelle erreur d'être allée là-bas. » Il est alors 7 h 11 ; ce sera son dernier message. Le groupe réfugié dans l'abri anti-missile pense voir arriver vers eux l'armée. Un soulagement de courte durée : en fait de soldats, il s'agit des terroristes du Hamas déguisés en soldats israéliens.

L'une des caméras de surveillance du kibboutz a tout enregistré. Céline est la dernière à être exécutée : froidement, deux balles dans la tête, après avoir été sortie de l'abri par les cheveux. D'autres seront décapités par ces hommes ivres de sang. Manifestement, les terroristes ne comptaient pas faire d'otage civil à ce stade des opérations : trop encombrant. Ils assassinent sans merci. Leur plan, selon l'armée qui le révélera plus tard, était de rejoindre Tel-Aviv et de poursuivre le massacre au cœur de l'État hébreu.

« C'est dramatique, on a fui en Israël pour échapper à l'antisémitisme, et c'est ici que ma sœur est assassinée par des antisémites », souffle, dévasté, Samuel, à l'enterrement.

Car Céline, bien que née en Israël d'un père israélien et d'une mère française, a vécu à Villeurbanne où ses parents se sont installés quand elle était bébé. L'antisémitisme n'y épargne pas la famille ; si bien qu'après une quinzaine d'années dans la banlieue lyonnaise, le choix de s'installer en Israël s'impose. Scolarisée au lycée français Guivat-Washington, Céline n'a pas beaucoup de difficulté à maîtriser l'hébreu, langue maternelle de son père qui lui parlait parfois dans cette langue. Femme libre, très sociable, elle parcourt le pays - Tel-Aviv, Eilat, etc. - et ne fait pas l'armée, mais un service civique auprès d'enfants en difficulté.

Sa relation à la France était forte. Elle tenait même à transmettre la langue de sa mère, et avec elle tout un pan de la culture française, à Ellie. En attendant le retour de sa femme, Ido demandait régulièrement à Yaelle de parler et de chanter dans sa langue maternelle à Ellie. Sa chanson préférée notamment : *Ainsi font, font, font, les petites marionnettes.* Céline tenait à ce que sa fille ait la nationalité française ; elle avait fait découvrir à son mari la ville de Lyon qu'elle affectionnait particulièrement. À la suite du 7 octobre, Emmanuel Macron a demandé à la famille ce que la France pouvait faire pour eux. La réponse était évidente : matérialiser ce lien à la France. Ellie et son père ont obtenu la nationalité française par décret du gouvernement. Un geste de la part d'un pays qui n'a pas pu faire que la petite Céline, juive, se sente suffisamment chez elle et en sécurité à Villeurbanne. Une nationalité française attribuée comme une déclaration : pour signifier que la France ne peut se résoudre à être un jour sans Juifs sur son sol.

Au reste, Céline aurait aussi pu être un enfant du Bataclan, victime du terrorisme islamiste. Elle est officiellement une des victimes du festival de musique Nova, sa vie et celle de ses amis ayant été fauchée sur la route d'un rassemblement qui se voulait de paix et de fraternité.

Yitzhak, le spirituel

Il fait partie de ces festivaliers issus de familles orthodoxes qui étaient à Nova. Vis-à-vis de leurs proches et de leurs familles, le sujet est sensible – car en allant danser, ces jeunes n'ont pas respecté le shabbat, si obligatoire à respecter dans le judaïsme religieux. Avec des amis, ils ont pris la voiture pour participer à ce festival, bravant l'interdit, souvent en l'ayant caché à leur famille.

Yitzhak Levy a grandi dans une grande famille composée de neuf enfants, sept garçons et deux filles. Il a vécu entre Safed, l'une des quatre villes sacrées du judaïsme, et Beit Shemesh, où être hassidique est la norme. Sa mère, Tsipora, travaille au sein d'une crèche et son père, Yohann, quand il ne se consacre pas à l'étude du Talmud ou de la Torah, traduit des livres religieux de l'hébreu au français pour une association française. Car la famille est française : née à Lyon en 1971, Tsipora s'appelait Corinne avant de changer de prénom, comme beaucoup de religieux, lors de son arrivée en Israël en 1992. Les parents de Yohann sont arrivés du Maroc à Paris. C'est lors de leurs études que Yohann et Tsipora se rencontrent avant de se marier dans la capitale française. Bien que nés en Israël, leurs enfants ont la nationalité française – un acte important pour le couple. « Depuis le début, on souhaitait que nos enfants aient la nationalité française, qu'ils aient le choix dans la vie, comme on a pu l'avoir, de vivre en France ou en Israël », explique Yohann. D'ailleurs, à 16 ans, Yitzhak est parti en France étudier dans un établissement religieux à Paris, puis à Lyon. L'occasion pour lui d'étudier la Torah et de préparer le baccalauréat dans le pays qui est aussi le sien, avant de revenir auprès de sa famille et d'enchaîner les petits boulots. Ses grands-parents maternels, bien moins religieux que leur fille, ont longtemps hésité à quitter la France pour se rapprocher de leurs enfants et petits-enfants. Il y a une dizaine d'années, ils ont franchi le pas. « Ils ont eu du mal à faire leur alyah... ils restent très, très français. D'ailleurs, c'est à Netanya qu'ils se sont installés ! » sourit Tsipora. Dans cette ville israélienne surnommée « le petit Paris », un habitant sur trois est français.

À 26 ans, Yitzhak se cherche. Ce jeune homme, attaché à la foi et à la nature, est tiraillé entre le milieu religieux parfois rude et le monde moderne d'apparence plus léger. Cheveux longs, crâne rasé sur le côté et tenues « roots », Yitzhak organisait des événements musicaux dans les forêts, pouvait recueillir des animaux blessés comme un chien à trois pattes, et convaincre sa grand-mère paternelle, atteinte de la maladie d'Alzheimer, de prendre un traitement à base de cannabidiol (CBD) pour soulager ses symptômes. Si généralement les haredim ne vont pas à l'université et étudient en yeshivah, Yitzhak a tenu à occuper les bancs de la fac dans le but de devenir assistant social. Il a été ainsi l'un des 5 % d'étudiants ultra-orthodoxes inscrits dans un établissement d'enseignement supérieur. Droit, professions paramédicales, enseignement, éducation, etc. Ces jeunes religieux choisissent souvent des matières qui peuvent leur permettre de travailler au sein de la société fermée ultra-orthodoxe. Ce choix reste minoritaire, même si la tendance est à la hausse. Selon The Israel Democracy Institute, le nombre d'étudiants hassidiques inscrits dans les universités laïques a augmenté de 258 % entre 2010 et 2023 - beaucoup plus que le nombre total d'étudiants qui, dans le pays, n'a augmenté que de 17 %.

Côtoyer le monde laïc n'a pas coupé Yitzhak de son milieu ultra-orthodoxe. Tous les ans, pour la nouvelle année juive, il participe au pèlerinage à Ouman, dans le centre de l'Ukraine. Là où, chaque année, des dizaines de milliers de Juifs hassidiques vont se recueillir sur la tombe de Rabbi Nahman, figure rabbinique majeure du XVIIIe siècle ayant inspiré la naissance du mouvement hassidique de Breslev dont la caractéristique est d'embrasser la tradition tout en communiant joyeusement avec

Dieu, en pratiquant sans réserve le chant et la danse – enfin, les femmes séparées des hommes. Yitzhak, comme tous les hommes de sa foi, aime le chant et la danse. Mais lui aime aussi la modernité.

En septembre 2023, malgré la guerre en Ukraine, Yitzhak a organisé son pèlerinage et celui d'une quinzaine de copains, plus ou moins religieux, mais curieux. De retour en Israël, il a fait Kippour en famille, joué de la guitare, et passé une partie de la nuit à construire sur la terrasse avec des amis la soukka, cette cabane provisoire symbolisant les habitations des Hébreux dans le désert lors de leur sortie d'Égypte, sous laquelle les juifs religieux doivent se tenir au moins une partie de la journée.

Le jeune homme aurait pu passer shabbat le 6 et 7 octobre avec ses parents. Il est parti de son appartement à Jérusalem au festival Nova. Tsipora et Yohann ne le savent pas, mais leur fils compte se rendre au festival Nova, bien qu'il n'ait pas acheté de ticket d'entrée. Sur le papier, rien ne semble lier la pratique rigoriste du judaïsme avec la fréquentation des rave parties... Après coup, sa mère Tsipora espère avoir réussi à y trouver du sens à son drame. Dans le judaïsme, les fêtes de Souccot sont vécues comme une manière de sortir de son quotidien, de ses habitudes de confort, en demeurant pendant une semaine sous la fameuse soukka. Ce temps doit permettre de mener un travail d'introspection, de réfléchir à soi. La rave ? « Ce type de rassemblement, de musique, se vit seul. Ce n'est pas un rock ou un slow que l'on danse à deux. En participant à ces festivals, ces jeunes cherchent à se retrouver hors du monde, à briser la *chigra*, la routine en hébreu », analyse Tsipora. Son fils aurait transposé à Nova une prescription religieuse. Même à Nova, il aurait ainsi gardé un rapport à la foi religieuse qu'elle lui a inculquée.

À deux voitures, le groupe de jeunes approche des lieux de concert vers 5 h 30. Certains d'entre eux préfèrent dormir quelques heures dans la Jeep quand d'autres ne veulent pas attendre davantage et vont danser. Une heure après, une amie française d'Yitzhak établie à Jérusalem, Avigaëlle, le réveille, persuadée qu'un feu d'artifice est en train d'être tiré. En fait, il s'agit de roquettes. Un moment de flou s'ouvre, personne n'évalue vraiment la menace, les festivaliers se demandent si les tirs vont s'intensifier ou prendre fin. Yitzhak et Avigaëlle attendent le retour de leurs copains et repartent avec les deux voitures. Mais une colonne de véhicules s'est formée, la route est bloquée. Yitzhak, serein, rassure ses proches dans une vidéo : « L'essentiel est de ne pas céder à la panique et de rester calme. » Les informations circulent, la route principale est bloquée et des terroristes seraient présents. Le groupe prend alors un autre chemin. La voiture de tête ouvre la voie. Suivi par Yitzhak qui, sous le coup d'une suspension de permis, a laissé le volant de la Jeep à son ami Yehuda. Avigaëlle est à l'arrière. Très vite, ils perdent de vue la première voiture et sont désorientés. Les trois amis continuent de rouler jusqu'à ce que surgissent les hommes du Hamas. Des tirs de kalachnikov atteignent Yehuda, qui perd le contrôle du véhicule. « Yehuda, ne pars pas, ne pars pas ! » crie Yitzhak. Gardant son sang-froid, il se tourne vers Avigaëlle : « Couche-toi derrière et mets une veste sur toi ! » La jeune Française s'exécute. Elle ne voit rien, mais entend des cris, des « Allah akbar ! ». Son portable en main, désespérée, elle contacte une amie pour lui signaler les tirs. Une porte s'ouvre. Flotte autour d'elle une odeur d'essence. Les terroristes mettent alors le feu au véhicule. Avigaëlle bondit, veut ouvrir la porte, mais tout est fermé. Une fenêtre est restée ouverte, la jeune femme ne réfléchit pas plus longtemps et saute. Une fois à l'extérieur, elle court. Les terroristes s'aperçoivent de sa présence et tirent à la kalachnikov. Elle entend les balles fuser autour d'elle, sans l'atteindre, et continue sa course jusqu'à tomber et se relever. À bout de force, elle se met en boule sur le sol, la tête entre les mains, refusant d'assister à sa mort. Les terroristes l'attrapent ; Avigaëlle a alors le réflexe de s'adresser à eux en français. Ses ravisseurs l'entraînent dans un premier véhicule avec huit autres otages, puis dans une seconde voiture. Frappée et enfermée dans le coffre, Avigaëlle ne le sait pas encore, mais elle prend la direction de la bande de Gaza. C'était compter sans l'intervention de l'armée israélienne, qui intercepte le véhicule et neutralise les terroristes. Toujours dans le coffre, Avigaëlle tape de l'intérieur et crie « *help me, help me !* ». Un soldat l'entend, ouvre, et découvre la jeune femme. Conduite à l'hôpital, sous le choc, elle restera aphasique durant des jours.

À Beit Shemesh, les parents d'Yitzhak sortent de shabbat et allument portables et radio. Ils découvrent les terribles événements. Leur fils Abraham, très proche de son grand frère, sait que celui-ci apprécie les festivals. Abraham a rompu le repos hebdomadaire pour utiliser son téléphone. Au courant des attentats, il cherche Yitzhak. La famille apporte de l'ADN demandé par la police pour identifier les corps. Tsipora veut croire que son fils, comme d'autres à Nova, reste caché dans la nature, lui qui aime passer du temps au bord des ruisseaux ou dans les bois. Ou qu'il est occupé à secourir des personnes en détresse, lui qui « aime relever ceux qui tombent », selon la formule de ses amis. Des hypothèses qui ne résistent pas au temps.

Tsipora reste à la maison et ne lâche pas la radio. Son mari et ses enfants passent leur journée dans le secteur de Nova à la recherche d'éléments, du téléphone portable ou de la Jeep. Les frères et sœurs fouillent les réseaux sociaux et scrutent toutes les images du 7 octobre. Au fil des jours, la possibilité d'un kidnapping est évoquée. Sur internet, des listes « pirates » (non officielles) de personnes supposées disparues, retrouvées ou enlevées circulent, avec des erreurs, déstabilisant un peu plus les proches des victimes. Entre faux espoirs et vraies déceptions.

Le jeudi suivant, le corps de Yehuda, l'ami d'Yitzhak, est identifié. La police rappelle les Levy et leur demande à nouveau de l'ADN. Yohann comprend ce que cela signifie. Le dimanche, à 1 heure du matin, l'armée se présente à leur domicile. « J'étais sur le balcon. Quand je les ai vus sur le parking sortir de la Tesla blanche, je me suis dit "ça c'est pour nous" », se rappelle sa mère. Yitzhak a été tué par balle, le visage partiellement brûlé. Tsipora ne peut se contenter de l'annonce du décès de son fils, elle veut savoir où il a été trouvé, ce qu'il s'est passé... Mais l'armée n'a pas plus de détails. « Parfois, j'en venais à me demander s'il fallait vraiment souhaiter qu'il soit en vie plutôt que mort, tant les images des otages étaient insoutenables », souffle Yohann. Il sait quel sort peut être réservé aux hommes en âge de faire l'armée. Pourtant, Yitzhak, comme la majorité des religieux, n'a pas fait son service militaire à

18 ans. Les ultra-orthodoxes qui étudient en séminaires religieux à plein temps peuvent être exemptés de l'armée et du service civil - une exception cultuelle difficilement acceptée aujourd'hui au sein de la société israélienne. Surtout au moment où la guerre mobilise presque tous ceux en âge de porter les armes, dans le cadre de la réserve militaire à laquelle sont soumis les femmes et les hommes jusqu'à 45 ou 50 ans selon leur rang.

Lorsque le fondateur de l'État hébreu, David Ben Gourion, en 1948, a accepté cette exemption pour permettre aux plus orthodoxes d'étudier les textes saints, dans le cadre d'un compromis avec les courants religieux à la fois orthodoxes et peu portés sur le sionisme, seuls quelques centaines d'étudiants étaient concernés. Aujourd'hui, ils sont plus de soixante mille à être dispensés de cette période de deux ans et huit mois pour les hommes, et de deux ans pour les femmes. Alors même que des Arabes israéliens qui ne sont pas non plus tenus de faire leur service militaire tiennent à le faire pour marquer leur adhésion à l'État. Comme le font déjà certains religieux, mais qui bénéficient d'un cadre adapté, ils sont affectés dans les fonctions support de l'armée et ne participent pas directement au combat en portant des armes. Le 25 juin 2024, la Cour suprême a décidé de revenir sur ce principe : « Dans l'état actuel des choses, la non-exécution de la loi sur le service militaire crée une grande discrimination entre ceux qui sont tenus de le faire et ceux pour qui les mesures ne sont pas prises pour les mobiliser. » Le gouvernement, divisé sur le sujet, devra se pencher sur la manière de mettre en œuvre une intégration progressive des religieux au sein de l'armée, alors qu'elle ne cache pas ses besoins de renforts.

Bien qu'il ait échappé au service militaire, Yitzhak portait des chaussures pouvant indiquer l'inverse. À la suite d'une opération aux pieds, il ne pouvait enfiler que des Rangers. Ce détail a-t-il pu jouer sur le sort qui lui a été réservé ? En vérité, qu'importe si leur victime avait fait l'armée ou se consacrait uniquement à la vie religieuse : le 7 octobre, le Hamas n'a fait aucune distinction lorsqu'il a tiré. Des Arabes israéliens ont de même été ciblés. Il fallait tuer.

Karin Journo, l'épicurienne

« J'ai eu l'honneur de rencontrer des familles de victimes. Nos échanges, je ne les oublierai jamais. Ils sont gravés dans ma mémoire, ils ne me quitteront pas. Je me souviens de cette famille, de ces parents. Leur fille aimait la fête. Elle s'était cassé la jambe. Elle avait un plâtre. Elle souhaitait quand même aller danser au festival. Ses parents m'ont raconté comment ils avaient ri ensemble et comment ils lui avaient demandé : “Mais comment tu vas danser alors que tu as la jambe dans le plâtre ?” Elle a dit : “Je danserai assise sur une chaise avec mes amis.” Et effectivement, sur la dernière vidéo reçue de leur fille et qu'ils m'ont montrée sur leur téléphone, elle était assise sur une chaise, avec la jambe dans le plâtre. Elle dansait avec le sourire, ses amis autour d'elle. Et puis les terroristes sont arrivés. Ses amis ont pu partir en courant. La jambe dans le plâtre, elle n'a pu partir. Elle s'est réfugiée derrière un véhicule que les terroristes du Hamas ont fait exploser. Ses parents m'ont dit que pour ses obsèques ils n'avaient pu enterrer en tout et pour tout que trois dents. De leur fille, c'est tout ce qui a été retrouvé. »

C'est l'histoire de Karin que décrit non sans émotion Gabriel Attal, alors Premier ministre, à la tribune lors du 38ᵉ dîner du Crif, le 6 mai 2024.

Franco-israélienne, née d'une mère israélienne, à Lod, cette ville mixte où vivent près de 30 % d'Arabes israéliens, Karin est aussi une enfant de la France. Son père, Doron, un homme aux larges épaules, à la mâchoire carrée et au regard franc, est le fruit d'un père né à Tunis et d'une Française d'Alsace passée aussi par la Tunisie. Ses parents ont rejoint l'État hébreu en 1951. Doron y voit le jour. Alors qu'il est petit, sa mère, qui a aussi suivi une partie de sa scolarité à Tunis en école catholique, incite son fils, à Noël, à mettre ses souliers au pied du lit pour obtenir du chocolat au réveil. À la fois attachée à la langue française et soucieuse de l'intégration de sa progéniture, elle instaure une règle de vie que Doron n'a jamais oubliée : « À la maison, on peut parler français, mais dans la rue, c'est l'hébreu ! » En Israël, elle lit son journal préféré, *Le Nouveau Détective*, qu'elle trouve chez les kiosquiers de Lod. Doron parle français avec ses frères. Cet héritage linguistique, il a essayé de le transmettre à ses enfants, Karin et Meitav. Cette dernière comprend le français, mais, peu assurée, préfère répondre en hébreu ou en anglais. La famille est venue en France à plusieurs reprises. Pour des vacances, ou pour rendre visite à la famille paternelle à Paris. Car comme beaucoup de Juifs tunisiens qui n'ont pas choisi Israël au moment où il la situation des Juifs en Tunisie s'est dégradée, ils se sont réfugiés en France. Mais aussi pour organiser la bat-mitsvah de leur fille, l'équivalent pour les filles de la bar-mitsvah, ce rite de passage vers la majorité religieuse que tout jeune Juif garçon se doit d'effectuer à 13 ans. Et la famille est aussi venue à Paris pour s'amuser à Disneyland.

Dans une maison moderne du quartier résidentiel de Mazkeret Batya vivent Karin et ses parents.

Sa grande sœur, Meitav, âgée de 28 ans, est institutrice auprès d'enfants en difficulté. Elle habite avec son mari et ses deux enfants à quelques centaines de mètres. Doron travaille comme employé à l'aéroport David-Ben-Gourion, du nom de celui qui proclama la création de l'État d'Israël en 1948. Son épouse, Ibnal, est secrétaire dans une concession automobile.

Mazkeret Batya se situe au centre du pays. À quelques kilomètres de Rehovot, une grande ville de plus de cent mille habitants dans le sud-ouest d'Israël, au sud de Tel-Aviv, dans ce pays dont la superficie est inférieure à celle de la Belgique. C'est une petite ville de seize mille habitants où se mélangent religieux et laïques. Selon le bureau central des statistiques (CBS), en Israël en 2023, 44,2 % des Juifs interrogés se déclarent laïcs ou non religieux, 21 % traditionalistes peu pratiquants, 11,7 % traditionalistes et pratiquants, 11,5 % religieux, et 10,8 % se disent ultra-orthodoxes - ce sont les haredim. Comme dans beaucoup de villes en Israël, à Mazkeret Batya se côtoient des Juifs (74 %), des Arabes israéliens, musulmans ou chrétiens, des Druzes, etc. C'est le melting-pot propre à Israël. La famille Journo fait partie de ces Juifs laïcs, issue de la classe moyenne, fragilisée par une inflation galopante accélérée depuis le début de la guerre.

À 24 ans, en ce mois d'octobre, Karin Journo est supposée demeurer tranquillement dans la maison familiale, avec ses parents. Depuis fin août, la jeune femme travaille comme son père à l'aéroport de Tel-Aviv. Elle est agent au sol pour la compagnie aérienne El Al. Mais elle s'est récemment blessée en travaillant. Le pied fracturé, immobilisé par une chaussure médicale, elle a alors décidé de revendre son billet pour le festival Nova. Dans ces conditions, danser ne lui semblait plus une option. C'était compter sans l'insistance répétée d'amis, rencontrés un an auparavant lors d'un voyage en Amérique du Sud. Comme beaucoup de jeunes Israéliens, après son service militaire dans la police de l'armée, Karin avait profité de l'argent mis de côté grâce à son travail pour s'accorder quelques mois de coupure à l'étranger. Colombie, Costa Rica, Brésil, mais aussi Los Angeles, Vegas et Miami... Karin était partie à la découverte de territoires différents, loin de son quotidien, loin de Mazkeret Batya qu'elle n'avait pas quitté depuis sa naissance.

Le 3 octobre, elle cède finalement à ces nouveaux amis. « Tu danseras assise ! » lui dit l'un d'entre eux. Le 6 octobre, ils prennent donc la voiture de Karin, une chaise en plastique de jardin dans le coffre, et se rendent dans le sud du pays, à l'adresse indiquée par les organisateurs quelques heures avant – comme cela se fait couramment pour ce type de festival de musique –, dans un lieu loin des villes.

La soirée bat son plein, Karin s'amuse au milieu des danseurs, assise sur sa chaise quand la fatigue prend le dessus. Le lendemain matin, à 6 h 30, les sirènes se déclenchent. La pluie de roquettes tirées de Gaza incite Karin à contacter ses parents qui ne savent pas exactement où se passe l'événement musical : « La fête est finie, je rentre », leur dit-elle. Doron et Inabl lui répondent qu'elle sera effectivement bien mieux à la maison, en sécurité. Son père, prévenant, a changé les draps du lit de sa petite dernière. Les sirènes retentissent très loin en Israël en ce 7 octobre. À trois cents mètres du domicile familial, chez elle, Meitav, sa sœur aînée, rechigne à se réfugier immédiatement dans la chambre sécurisée présente dans tous les appartements ou les maisons en Israël, et qui sert d'abri en cas d'alerte afin de faire face au danger – qui n'est censé venir que du ciel. Son mari insiste. Mais Meitav veut d'abord prendre sa douche. Comme beaucoup d'Israéliens, elle est habituée aux sirènes et ne se formalise pas. Une alerte comme une autre, un jour comme un autre, croit-elle.

À 8 h 43, la vie des Journo bascule pourtant. Karin envoie un message à sa mère : « Si je ne rentre pas, sache que je vous aime. » Paniquée, dans l'incompréhension, Inabl cherche à la joindre. En ligne, elle entend sa fille affolée : « Il y a des terroristes partout, ça tire, sauve-moi ! » Puis plus rien.

S'ensuivent de longues heures où la famille espère retrouver Karin, ou au moins avoir de ses nouvelles. Personne ne peut leur dire si elle est encore cachée sur le site du festival, si elle est blessée, prise en charge dans un l'hôpital, kidnappée par le Hamas... ou morte. L'issue la plus redoutée. Les membres de la famille se rendent dans les divers hôpitaux. Karin ne se trouve dans aucun d'entre eux. Personne n'est en mesure de leur donner des informations. La désorganisation, la panique sont complètes devant l'incroyable.

Mais eux espèrent encore. Karin a dû être enlevée par le Hamas et doit être retenue dans un des cinq cents kilomètres de tunnels à Gaza. Une issue qui laisse un espoir, celui d'une vie sauvée et d'une libération possible grâce à la mobilisation des proches. Il s'agit d'user de tous les canaux possibles, de tous les appuis possibles. Pourquoi pas la France, puisque Karin par sa mère est aussi française.

Sa sœur se rend immédiatement à l'ambassade de France avec le passeport de Karin, persuadée que, par l'intermédiaire de la France, cela aidera à obtenir sa libération. « La France est amie avec les pays arabes, je me disais qu'elle pourrait parler avec le Qatar pour que le Hamas libère les otages », explique Doron, dans un français chancelant. C'est du moins l'appréciation qu'il a de la situation. La diffusion par le Hamas d'une vidéo de Mia Schem, une autre Franco-Israélienne, captive dans un des tunnels de Gaza, redonne espoir à la famille. Mia Schem sera libérée après cinquante-cinq jours de captivité. Mais Karin ?

À la conférence de presse organisée à l'hôtel Carlton de Tel-Aviv le 12 octobre, en présence de familles franco-israéliennes à la recherche leurs proches, les Journo sont là. « Karin dansera à nouveau », leur affirme alors, confiant, l'ancien Premier ministre Manuel Valls, qui s'est rendu en Israël afin de manifester sa solidarité avec les familles françaises en particulier.

À force de visionner les moments du drame qui circulent sur les réseaux sociaux, Meitav découvre une vidéo filmée par un Israélien présent au festival, le 7 octobre. On y voit Karin devant une ambulance, en vie, patientant au milieu d'autres jeunes. Elle ne le sait pas encore, mais cette ambulance est devenue une carcasse : avec un lance-roquettes portatif de type RGP, les membres du Hamas ont fait exploser le véhicule d'urgence à 9 h 11. Elle finira par l'apprendre.

L'espoir de Meitav s'amenuise. Elle apprend que la plupart des festivaliers qui se trouvaient dans l'ambulance ou à proximité au moment de l'explosion ont été identifiés par les médecins légistes. Mais son père veut y croire encore. Il ne peut se résoudre à avoir perdu sa fille.

Le 18 octobre, alors qu'ils sont rassemblés sur leur terrasse, deux soldats se présentent : Karin fait partie des victimes de l'explosion de l'ambulance.

Les corps déchiquetés, dispersés, sont méconnaissables. De la belle jeune femme aux longs cheveux lisses, il ne reste que trois dents. Dans le cercueil, la forme d'un corps est reconstituée avec un linge. Peu pratiquante, Karin croyait en Dieu. Un rabbin accompagne l'inhumation ; le père récite le kaddish pour sa fille. À rebours du sens normal de la vie, où ce sont les enfants qui enterrent les parents.

Si les dernières heures de Karin ont été évoquées à la mémoire de tous à trois mille kilomètres du lieu de son calvaire grâce à Gabriel Attal, peu de journalistes en Israël ont évoqué cette jeune femme au regard rieur et à l'humour sarcastique selon ses proches. Le nombre de victimes est tel dans le pays que toutes les familles n'ont pu bénéficier du même écho dans les médias - alors que chaque douleur est unique et espère être au cœur de l'attention de tous.

Ne pas oublier Karin. Sa double nationalité suscite l'intérêt des médias français. Ils en sont reconnaissants : « Si Karin n'avait pas été franco-israélienne, personne ne se serait intéressé à son sort », souffle Meitav. À Mazkeret Batya, le visage de Karin s'affiche sur des bannières de plusieurs mètres de long. Sa mère, Inabl, reste en retrait. Sa douleur prend la forme d'un immense chagrin qu'elle semble vouloir vivre seule. Elle passe ses nuits dans la chambre de sa fille défunte, espère la retrouver dans ses rêves. À son poignet, cette mère de famille laïque s'est fait tatouer « 8 h 43 », l'heure où tout a basculé. L'heure du dernier message de sa fille, l'heure où elle lui a écrit qu'elle l'aimait. « Ma fille n'était pas partie faire la guerre, elle était seulement aller danser », insiste Doron. Meitav se concentre sur sa petite famille et ses enfants pour surmonter son deuil. Une fois par semaine, elle voit un psychologue. Israël demeure son pays, mais cette tragédie l'a rapprochée de ses origines françaises : « Lorsque je me suis rendue à Paris cette année, j'ai eu le sentiment d'être à la maison, loin du drame que l'on vit. » Pour les binationaux, le 7 octobre crée des blessures identitaires qui auront du mal à se refermer.

Galit et Hadas, l'exception culturelle française

La famille Dan-Jaoui ne se contente pas d'apprécier l'histoire et la culture françaises, elle les incarne en Israël. Tout commence en 1925. Dans une petite ville de la région parisienne naît Ginette Petrat, entourée de sept frères, dans une famille de tradition catholique. Alors qu'elle a 12 ans, elle voit sa mère mourir d'un cancer. Son père la confie à des sœurs. Un univers que ce garçon manqué considère comme bien austère, elle qui aime fumer sur sa bicyclette. Son émancipation, elle la gagne quelques années plus tard, à Paris. Elle fréquente la Sorbonne, et plus précisément s'inscrit à la faculté de droit, adhère à l'Union des étudiants communistes. C'est à cette époque qu'elle rencontre un jeune homme, bien différent d'elle, mais qui va devenir le père de ses enfants. Dans sa robe bleue à carreaux, Ginette croise William Jaoui, un Tunisien surdoué, en France pour ses études. Elle qui a un faible pour les hommes mats de peau, persuadée que celui-ci est arabe, tombe sous le charme de l'étudiant en médecine. Il est l'aîné de sept enfants ; ses parents fabriquent des meubles à Tunis. Naïf, un peu candide, William s'éprend de cette femme libre de caractère, réputée être un chat sauvage. Quelques mois après le début de leur relation, William disparaît. Inquiète, Ginette se rend à son domicile. C'est bien William qui lui ouvre, surpris de la voir devant lui. Il porte le talit, le châle que les hommes juifs portent à Yom Kippour par exemple, et que l'on reconnaît grâce aux franges appelées des tsitsits placés aux coins du tissu. William n'est pas un arabe musulman, il est juif. Pas de quoi décevoir Ginette ! Le couple vit le parfait amour, jusqu'à décider de se marier. Ce sera fait à la mairie du Ve arrondissement de Paris. Elle n'a pas terminé ses études de droit ; lui est devenu gynécologue, avec une passion pour la recherche scientifique. Les années 40 s'ouvrent avec la guerre. Lucide et alerte, Ginette prend vite conscience du changement d'atmosphère en France, et à Paris plus particulièrement. Le 1er octobre 1940, le gouvernement de Vichy établit le premier statut des Juifs. Ces derniers sont donc appelés à se déclarer afin d'être fichés ; c'est bientôt l'étoile jaune. « Les ressortissants juifs devront, en conséquence, se présenter dans les commissariats des quartiers ou circonscriptions de leur domicile, munis de pièces d'identité », est-il affiché dans divers lieux de la capitale par la préfecture de police. William obéit et se rend au bureau d'enregistrement. La secrétaire présente ce jour-là tente de l'en dissuader. « Ne t'inscris pas, fuis ! » lui souffle-t-elle. Mais William, aussi consciencieux qu'ingénu, ne comprend pas cette injonction. Il insiste : « Si, si, il le faut ! »

Heureusement, Ginette est une femme d'intuition. Elle sent bien que son pays bascule, que son époux est en danger. Le gouvernement de Vichy, le 18 octobre 1940, complète par des mesures discriminatoires le statut des Juifs, et exclut ces Français de nombreuses professions.

Le couple quitte la capitale à vélo en direction du sud : Marseille. Ginette est bien plus à l'aise à bicyclette que son mari, qui découvre les trajets en deux roues. Alors les jeunes mariés voyagent également en train, marchent afin de traverser la ligne de démarcation, et dorment même dans un champ de fraises afin d'éviter la maréchaussée. À Marseille, ils prennent le bateau pour la Tunisie ; les parents de William les accueillent. Afin de satisfaire la famille paternelle, Ginette se marie religieusement sous la houppa, le dais nuptial symbolisant la construction du foyer des mariés dans le judaïsme. Pour ce faire, elle accepte de se convertir. Ginette, catholique, devient alors juive. Malgré les difficultés liées à l'occupation allemande par les armées de Rommel entre novembre 1942 et mai 1943, la Tunisie devient leur pays refuge, alors qu'un antisémitisme meurtrier se déploie en France. Ginette met au monde deux garçons dans ce pays sous protectorat français.

Naît alors l'État hébreu. Le 14 mai 1948, le chef du gouvernement David Ben Gourion, dirigeant du Yichouv, au dernier jour du mandat britannique sur la Palestine, déclare établi l'État d'Israël. L'information de la création d'Israël traverse les frontières et se répercute comme une bonne nouvelle dans l'ensemble des communautés juives du monde arabe.

Ginette y voit la possibilité de vivre en famille dans un foyer juif. « Nous allons aller en Israël, et nous vivrons dans un kibboutz ! » annonce-t-elle avec enthousiasme à son époux qui aurait préféré continuer d'exercer en tant que médecin en Tunisie. En 1950, le couple et leurs deux fils s'installent dans le kibboutz Dan.

L'intégration n'est pas simple : ils ne parlent pas hébreu. Et au kibboutz, la communauté est essentiellement composée de Juifs originaires d'Europe de l'Est – des ashkénazes rescapés de la Shoah. Ainsi que l'exige l'époque – rejoindre Israël, c'est alors se vouloir un homme nouveau –, William remplace leur nom de famille « Jaoui » par « Dan ». Il devient le médecin attitré du kibboutz, et surmonte les difficultés que cela entraîne lorsque la maîtrise de la langue n'est pas totale. Ginette parlera hébreu avec un accent français jusqu'à la fin de sa vie. Le couple se sépare, divorce ; puis se retrouve et se remarie. Ils passent les dernières années de leur vie à Giv'at Olga, au bord de la mer dans la banlieue de Hadera, entre Haïfa et Tel-Aviv. Un regret les suit jusqu'au bout : la France. À leurs enfants et petits-enfants, ils n'ont jamais caché la nostalgie qui les habitait. « Si nous avions pu rester... » soupiraient-ils en repensant à la France, ce pays responsable de la déportation et de l'exil de milliers de Juifs sous l'Occupation. Pour que cette culture qui leur était si chère ne reste pas confinée à leur histoire personnelle, Ginette et William sont attachés à la transmettre à leurs enfants. C'est ainsi que les chansons d'Yves Montand ou encore d'Édith Piaf font partie des classiques transmis entre générations au sein de leur famille. Ginette, même convertie et vivant en Israël, ne tait pas son faible pour les produits français. Le camembert, et même le jambon. Le fils aîné des Dan-Jaoui, Yishai (appelé aussi Jesse en France), s'établira en France, comme pour revenir aux sources du destin familial. Le cadet, Oury, vit en Israël. Son engagement communiste l'amène à suivre le chemin de ses parents en devenant à son tour kibbutznik, c'est-à-dire un habitant d'une communauté de base du sionisme socialiste. Et c'est logiquement à Nir Oz, un kibboutz fondé en 1955, qu'il rencontre celle qui sera la mère de ses enfants, Carmela. D'origine américaine, Carmela est issue du kibboutz Ein Hashofet, dans le nord d'Israël. Avec Oury, ils ont trois enfants nés à la frontière gazaouie, à Nir Oz. Deux filles, Hadas et Galit, et leur frère, Dor. Les trois, comme leurs parents avant eux, ont grandi dans la maison collective des enfants du kibboutz : plus qu'une crèche, elle est gérée par des nounous.

C'était une période de paix où Israéliens et Palestiniens se côtoyaient sur les plages de Gaza. L'islamisation n'avait pas encore gagné toute la bande, contrôlant le comportement de tous. Des femmes fumaient le narguilé, des hommes se baignaient torse nu sur les plages, des boutiques de lingerie féminine présentaient leurs offres en vitrine. Et les écoles n'étaient pas obligatoirement non mixtes. Jusqu'à l'arrivée au pouvoir du Hamas en 2007 - élu face au parti du Fatah, victime de la corruption de ses cadres -, qui finira par établir dans le sang un pouvoir sans partage, expulsant l'OLP de Gaza, les habitants de Nir Oz organisaient des excursions sur les plages de Gaza. Les rapports étaient riches, les services rendus aussi. Les kibboutzims prenaient en charge les Gazaouis malades et les conduisaient dans un hôpital en Israël. Ils aidaient les villageois arabes lors de la récolte des olives. L'essentiel des habitants appartenaient à cette gauche qui estimait que Palestiniens et Israéliens pouvaient vivre bons voisins, et que la frontière ne devait pas être une barrière infranchissable pour la fraternité. Ils voulaient faire vivre cette coexistence espérée.

Mais Dor a pris un chemin bien différent. Au fil des années, il a épousé un mode de vie religieux aux antipodes de la vie des Juifs laïcs de gauche dans la tradition des kibboutz. Installé au nord du pays avec sa seconde épouse et leurs six enfants, il fait partie désormais de la communauté des hassidiques.

Fidèles aux kibboutzim, les deux sœurs Hadas et Galit ont aussi découvert un autre monde que celui du collectivisme socialiste. Celui de l'armée, lors de leur service militaire obligatoire. Hadas a aussi beaucoup voyagé, avant de revenir s'installer là où tout a commencé pour elle, à Nir Oz. Là où continue à vivre sa mère Carmela.

Quant à Galit, elle a voulu très vite donner vie à la nostalgie française familiale, et devenir comédienne à Paris. Qu'importe si sa maîtrise de la langue de Molière n'était pas parfaite. Avec autant de conviction que de courage, âgée d'une vingtaine d'années, elle est partie à l'assaut des théâtres parisiens. Pendant trois ans, elle essaiera de se faire une place dans un milieu difficile à pénétrer si l'on n'a pas des connaissances et des liens avec lui. Elle va vivre dans le quartier qui est encore celui des artistes, la butte Montmartre. Mais il sera pour elle difficile de concrétiser ses rêves. Si elle arrive à faire connaître l'un de ses textes, grâce à une lecture publique dans un théâtre du quartier, cela restera sans lendemain. Cependant, l'expérience n'est pas vaine : de retour en Israël, elle devient professeur de théâtre. Elle donne naissance à deux filles, à deux ans d'intervalle, Noya et Tamar, grâce à la procréation médicalement assistée. Elle s'installe à Nir Oz, avant de déménager dans un autre kibboutz, celui de Kissoufim, avec son nouveau compagnon, lui aussi père de deux enfants.

Le vendredi 6 octobre, Carmela, Hadas, Galit et ses deux filles, Tamar et Noya, passent la fête de Sim'hat Torah, dans la maison de Galit. Les aînés de Hadas, Gaya et Rotem ont pris leur autonomie ; Sahar et Erez sont chez leur père, Ofer.

Noya, l'aînée de Galit, une jeune fille de 12 ans ayant un trouble du spectre autistique, passionnée par *Harry Potter*, demande à sa mère l'autorisation de dormir le soir même « chez mamie » à qui elle voue une grande affection. Permission accordée. Elle rentre avec sa tante et sa grand-mère à Nir Oz.

Le lendemain, à 6 h 30, les sirènes retentissent dans le sud du pays. Les habitants se réfugient dans les abris au sein des domiciles. À Kissoufim, Galit envoie un message en urgence à ses proches : « Il y a des terroristes. Ils tirent avec des armes légères. » La menace ne se limite plus aux roquettes... Hadas songe à aller chercher ses enfants et à fuir chez une amie à cinquante kilomètres au nord de Nir Oz, mais elle apprend que les terroristes sont présents là-bas aussi et sur les routes. Les sœurs vérifient si leur mère est bien en sécurité, enfermée dans l'abri. Mais la vieille dame de bientôt 80 ans ne mesure pas l'ampleur des événements : « Mon salon est plein d'éclats de verre, je ne sais de quelle manière commencer ma journée, je me demande comment je vais pouvoir nettoyer ma maison. » Dans le groupe familial, des messages d'amour - pour ne pas dire d'adieu - sont échangés. Dehors, le jardin d'Eden que peuvent représenter ces jolies maisons situées au milieu de la végétation luxuriante et des animaux de la ferme devient l'enfer de Dante. Entre le bruit des balles, les hurlements des victimes et les « Allah akbar ! » de leurs assassins, la mort ravage tout.

Hadas se cramponne à la poignée de la porte de la chambre pendant que les terroristes volent et détruisent ce qu'ils peuvent au salon. L'une de ses voisines, Irit, une mère de famille d'une cinquantaine d'années enfermée avec sa grande fille dans la chambre, aura la visite toutes les heures des terroristes qui s'acharneront à forcer leur porte barricadée. Dans son *mamad*, son abri, Galit, elle, a la chance de disposer d'un système de verrouillage. Son compagnon et elle-même s'en sortiront. C'est dans la nuit, vers 3 heures, que les forces spéciales interviendront enfin pour évacuer les survivants des kibboutz.

Galit et Hadas tentent alors d'obtenir des nouvelles de leurs proches et se heurtent aux terribles silences de leur mère Carmela, d'Ofer le père de Sahar, et d'Erez qui était avec lui.

Le 12 octobre, deux officiers de Tsahal annoncent à Hadas que ses deux enfants, Sahar et Erez, ont été kidnappés. Pas d'information à propos de leur père, Ofer, ni de Noya et de Carmela. Une vidéo de la prise en otage d'Erez circule, ajoutant de l'effroi au cauchemar que traversent ses proches.

L'histoire de cette famille franchit les frontières. Le 16 octobre, J. K. Rowling, touchée par le portrait qui est fait de Noya dans les médias, apporte son soutien à la famille sur les réseaux sociaux en publiant une photo de la jeune fille, un livre d'*Harry Potter* dans une main et une baguette dans l'autre, avec ce message : « L'enlèvement d'enfants est ignoble et totalement injustifiable. Pour des raisons évidentes, cette image m'a frappée. Que Noya et tous les otages pris par le Hamas soient rendus bientôt, et en toute sécurité, à leur famille. »

Le 19 octobre, Galit fait face à ce qu'il y a de pire : s'entendre annoncer que sa fille Noya de 12 ans et sa mère Carmela ont été retrouvées mortes : vivantes jusqu'à midi, les membres du Hamas les ont tuées avant de mettre le feu à la maison. Hadas doit faire face au deuil de sa mère, tout en restant mobilisée pour Ofer, le père de ses enfants, ainsi que pour Erez et Sahar.

Après cinquante-deux jours de captivité[1], Hadas retrouve ses enfants Sahar et Erez. Mais aucune

1. Hadas Jaoui-Kalderon, *52 jours sans eux*, Alisio éditions, 2024.

nouvelle d'Ofer, retenu à Gaza. Les deux sœurs, qui partagent des souffrances proches sans être similaires, vont s'éloigner l'une de l'autre. Hadas et Galit ne parviennent plus à se comprendre. La première a retrouvé sa progéniture, la seconde a perdu l'une de ses filles dans des conditions atroces. Galit tente de surmonter sa peine aux côtés de sa fille Tamar. Paris fait office de refuge émotionnel. En décembre 2023, quelques semaines après le drame, elles arpentent la ville, marchent dans les pas de leurs aïeux. La mère et la fille espèrent y trouver un apaisement, un réconfort dans cette ville aux origines de leur histoire familiale. Car Galit a toujours répété à Noya et à Tamar qu'elles étaient françaises, insistant sur le récit transmis par mamie Ginette. La transmission s'est faite. Dans les rues parisiennes, Tamar a fait une confidence à sa mère : elle veut, comme elle, apprendre le français. Une manière de rester en lien avec ses racines et de relancer les dés de la vie.

2

À la recherche des deux derniers otages franco-israéliens

Dix mois après l'attaque terroriste du Hamas, sur les 251 personnes enlevées, 105 sont toujours retenues à Gaza. Et parmi elles, 34 seraient mortes, selon l'armée. Car un des aspects de cette tragédie, c'est que l'on parle aussi d'otages pour les personnes dont on a la certitude qu'elles sont décédées. Le Hamas détient en effet, comme des prisonniers immobiles, les corps des personnes décédées, dont il espère pouvoir négocier l'échange contre des prisonniers palestiniens.

Fin août 2024, cela fait dix mois de captivité dans des conditions inconnues pour deux otages franco-israéliens parmi les 105 otages que l'on espère encore vivants, toujours aux mains du Hamas. « Présumés en vie » serait sans doute le terme le plus exact si celui-ci ne venait pas alimenter le chagrin des familles qui espèrent. Aucune information quant à leur état de santé ou leur état physique n'est transmise par le groupe islamiste, mais il est probable qu'ils soient, en plus de la privation de liberté, eux aussi victimes du chaos engendré par la guerre à Gaza. Des otages dans un champ de ruines.

Deux hommes otages franco-israéliens... Les familles le savent : les femmes et les enfants kidnappés ont un peu plus de chance de s'en sortir, d'être libérés dans le cadre d'un échange. Et plus le temps passe, plus la probabilité de les ramener vivants diminue.

Dans les villes israéliennes résonne le slogan « Ramenez-les à la maison ». Ce message investit aussi les rues sous forme d'autocollants, de banderoles, d'inscriptions sur les tee-shirts, ou encore d'affiches sur les abribus. Le Hamas aurait pu relâcher ces civils dès les premiers jours, et ainsi délégitimer une réponse militaire israélienne dans la durée. Ceux qui ont été enlevés n'étaient pas, pour l'immense majorité d'entre eux, des soldats en mission. Le terrorisme, c'est aussi cela : aller en tout contre les conventions internationales, ne respecter en rien les lois de la guerre, jusqu'à faire de civils des prisonniers de guerre. Plus encore, les otages, jusqu'aux plus vulnérables – Kfir Bibas avait moins de 9 mois lorsqu'il a été arraché à son berceau, Yoram Metzger 80 ans quand il a été enlevé avant d'être tué – sont réifiés, réduits à l'état de choses que l'on maltraite parce que leur humanité n'est pas respectée. Avec la complicité d'une partie des Gazaouis, les hommes, femmes et enfants kidnappés ont été retenus dans le réseau des cinq cents kilomètres de tunnels, au domicile d'habitants complices, probablement dans un hôpital du sud de Gaza... Là non plus, on ne sait plus qui est un civil et qui est un guerrier terroriste. Une partie de la société consent ainsi à être complice du terrorisme, ce qui n'a pu que déclencher une foudre indistincte sur l'ensemble de la population de Gaza. Ceux qui ont pu être libérés racontent leur quotidien fait d'agressions sexuelles, de viols, de privations de nourriture et de maltraitances. Le Comité international de la Croix-Rouge (CICR) qui, par mandat, est chargé de visiter les personnes retenues afin de pouvoir informer les proches sur leurs conditions de vie, n'a rien obtenu jusqu'à présent. Aucune loi de la guerre n'est respectée pour ces otages, ce qui peut être aussi une définition du terrorisme.

Quoi qu'il en soit, pour le groupe islamiste, ces otages, morts ou vivants, demeurent une monnaie d'échange. C'est pour cela qu'ont même été transportées à Gaza les dépouilles d'Israéliens. Dans le judaïsme, les corps doivent être enterrés rapidement et dans leur intégralité, habituellement dans les trois jours qui suivent le décès, afin de permettre la « montée » de l'âme. L'ONG Zaka (pour *zihuy korbanot asson*, que l'on peut traduire par « identification de victimes de tragédies ») s'est donnée pour mission de collecter les restes humains à la suite d'attentats, et ce depuis les années 1990. Composée essentiellement de bénévoles ultra-orthodoxes, l'organisation recommande de mettre sous terre les véhicules dans lesquels des personnes ont été tuées. En effet, une partie des restes ne peut être récupérée et la loi juive pose pour principe le respect des défunts. Si, dans la croyance religieuse, la naissance permet de faire descendre l'âme du ciel vers ce monde matériel, la mort est censée la ramener vers sa demeure originelle[1]. Les dirigeants du Hamas savent tout cela. Les dépouilles font donc l'objet de négociations ; le groupe islamiste connaît leur valeur dans le cadre de négociations avec l'État hébreu. Du moins, pour ceux que le Hamas détient toujours. Car, d'après les services de renseignement israéliens corroborés par la libération de certains otages par l'armée, les captifs seraient dispersés entre différents groupes armés palestiniens plus ou moins liés au Hamas, entre factions. Sortir les otages de leur captivité, c'est aussi avoir la capacité

1. « Ceux qui naissent sont destinés à mourir, ceux qui meurent sont destinés à vivre. » (Talmud, Avot, Chapitre 4, 2).

de les extraire de ce chaos où même le Hamas ne semble plus sûr de qui détient qui.

Pour les proches des otages, le temps est figé dans la douleur, l'attente insoutenable. Et le sentiment de solitude face à une scène internationale qui use trop souvent de contorsions pour éviter à avoir à condamner sans réserve pas simplement les massacres, mais aussi les prises d'otages civils. Le jeu qui consiste à essayer de tenir la balance entre les actions d'un groupe terroriste et celles d'un gouvernement soumis comme n'importe quel régime démocratique à la critique - critique des ONG, de la presse, de ses opposants politiques - ne peut que blesser les familles sans les aider à faire pression sur les termes des négociations. Comme si les otages étaient ensevelis par les morts civils à Gaza, puisqu'on ne parle plus que de ces derniers. Doit-on comprendre que ces victimes portent une part de responsabilité dans ce qui leur arrive ? Otages et invisibles, leurs histoires sont pourtant bien réelles. Les oublier n'aide en rien la paix espérée.

Ohad Yahalomi et sa famille

Habitant du kibboutz Nir Oz avec sa famille, Ohad Yahalomi a 49 ans, ce matin du 7 octobre.

Cet Israélien s'est marié avec la Franco-Israélienne Batsheva Yahalomi. Ensemble, ils ont élevé trois enfants : l'aîné, Eitan, âgé de 12 ans, Yahel, 10 ans, et Leyel, 1 an et 8 mois. Au moment où les sirènes se déclenchent, la famille se réfugie dans l'abri du foyer. Les fusillades éclatent, les cris « Allah akbar » retentissent, l'odeur du brûlé envahit le havre de paix qu'est habituellement Nir Oz. La porte de leur abri ne peut se fermer hermétiquement. Ohad décide donc de se placer devant la porte, arme de poing à la main, pour protéger sa famille. Vers 10 heures, les attaquants arrivent chez eux et lui tirent dessus. Ohad riposte. Il est blessé à la jambe et au bras. Les combattants du Hamas enlèvent, sous ses yeux, sa famille ; il a juste le temps de leur dire ces quelques mots : « Je vous aime, suivez-les ! » La mère et les filles, en pyjama, en tongs ou pieds nus, sont contraintes de suivre les quatre hommes du Hamas. Ces derniers veulent prendre la voiture de Batsheva, mais ils se rendent compte qu'ils ont brûlé tous les véhicules des habitants afin de les empêcher de fuir. Ils ordonnent alors à la mère et ses filles de monter sur un cyclomoteur et prennent la route pour Gaza. Devant, une autre moto transporte Eitan et un travailleur étranger du kibboutz. Sur la route, la mère saisit l'ampleur de l'attaque : des corps jonchent le sol, de jeunes hommes gazaouis sont tout à leur joie de piller « les maisons des Juifs ». Au loin, un char israélien avance. Le conducteur de la moto de la mère perd ses moyens, le véhicule se renverse, et leur ravisseur part en courant. Batsheva fait face à un choix cornélien : quitter les lieux au plus vite avec ses filles ou se mettre à la recherche de son fils. La raison s'impose : avec Yahel et Leyel, elles prennent la fuite. Pendant près de trois heures, elles vont errer, se faisant passer parfois pour mortes dans des champs afin d'échapper aux centaines de terroristes qui quadrillent l'espace. Elles sont couchées, essayant de reprendre un peu d'énergie avant de repartir, quand deux terroristes d'une quarantaine d'années qui vérifient l'état des corps arrivent à leur niveau. Non armés, ils essaient de convaincre la mère de les suivre à Gaza, arguant qu'il n'y avait plus rien pour elle à Nir Oz. Batsheva refuse de capituler et reprend la course avec ses filles, pieds nus, sans eau. Elles retrouvent leur kibboutz et cherchent alors Ohad. Aucune trace du mari et du fils.

Ohad et Eitan ont tous deux été kidnappés et séparés. Car, dans ces prises d'otages, les familles sont désunies, les enfants séparés de leurs parents. Seul, Eitan n'a aucune idée de ce qu'est devenue sa famille ; ses ravisseurs lui tiennent des propos contradictoires. Pire, ils l'obligent à regarder des vidéos atroces du 7 octobre. Il est frappé, puis détenu pendant seize jours dans une cellule avec des barreaux surveillée par des hommes armés. Par la suite, le garçon est déplacé à l'hôpital de Nasser de Khan Younès, dans le sud de Gaza, et enfermé dans une petite pièce avec dix autres otages, dont cinq enfants.

Lors de la conférence de presse de Tel-Aviv le 12 octobre, Jocelyne, la mère de Batsheva, lance un appel à l'aide en français au président Emmanuel Macron : « Je pense que la France a un caractère très humanitaire, très généreux, et je suis persuadée que le président Macron, pour lequel nous sommes beaucoup à avoir voté, va faire quelque chose [...], qu'il va intervenir. »

Après cinquante-deux jours de captivité, Eitan est enfin libéré dans le cadre d'un premier accord conclu entre Israël et le Hamas le 22 novembre 2023, aboutissement de la médiation des États-Unis et du Qatar. En échange de 240 prisonniers palestiniens, plus de 100 otages sont libérés, essentiellement des femmes, des enfants et des otages étrangers ou binationaux. Si sa mère le retrouve, Eitan ressort traumatisé. Il ne peut plus dormir seul, parle constamment de sa détention, multiplie les cauchemars. « Quand il pleurait, ils le menaçaient d'une arme », révèle Batsheva. Le garçon a été sous-alimenté, il n'avait droit chaque jour qu'à une pita et un concombre, sans que l'on sache si ce régime était délibéré ou la simple résultante des conditions de vie générale à Gaza. Il a pu se doucher deux fois en cinquante-deux jours et n'a pas pu dormir une seule fois sur un lit ou un matelas, ainsi qu'il l'a dit à sa mère. Au mois de mars, Eitan a eu 13 ans, l'âge où les jeunes Juifs font leur bar-mitsvah qui symbolise la sortie de l'enfance, la majorité religieuse, le passage au monde adulte. Un moment qu'il a passé sans son père et sans grande célébration. Son passage à la réalité des adultes, il en aura mesuré l'ampleur lors de sa captivité.

La famille attend désormais le retour d'Ohad comme père, comme époux, alors qu'ils demeurent sans nouvelle. Le 19 janvier 2024, la brigade Nasser al-Din, l'aile militaire du Comité de résistance populaire, une organisation palestinienne armée à Gaza, a diffusé une vidéo dans laquelle il apparaît blessé. Mais impossible de savoir exactement de quand elle date.

« Dans les kibboutzim, nous avons vécu un vrai pogrom, déclarera Batsheva après le massacre. Nous qui rêvions de paix avec Gaza, nous voilà avec des familles entières décimées et des bébés tués. » Ces habitants pacifistes sont plongés malgré eux dans le livre de Job. Ils ont tout donné pour la paix, ont été fidèles au projet politique d'une paix comprenant deux États, se sont investis dans des projets sociaux avec les Palestiniens, et voilà que la souffrance s'est imposée en guise de rétribution. Aujourd'hui, ils n'ont d'autre choix que de garder la foi et d'espérer que les armes se taisent pour ramener Ohad. Pour deux États, ils verront plus tard, si le temps cicatrise suffisamment.

Ofer Kalderon et ses enfants

Menuisier, passionné de nature et de VTT, le Franco-Israélien Ofer Kalderon réside dans le kibboutz de Nir Oz. Ses parents viennent de Grèce et ses grands-parents sont des rescapés de la Shoah. Séparé depuis un an et demi de la mère de ses enfants, Hadas (fille de Camela et petite-fille de Ginette), Ofer, ce 7 octobre, a la garde de ses deux enfants dont il est très proche, Sahar, 16 ans, et Erez, 12 ans, les deux plus grands ayant pris leur envol. Avec eux, il aime se balader, cuisiner, leur apprendre à construire des planeurs. Il faut dire que Nir Oz – « prairie courageuse » en hébreu – est un endroit idéal pour élever des enfants. Les quatre cents habitants peuvent profiter, à proximité de leur habitation, d'une ferme de vaches laitières, d'un élevage de chevaux… Le kibboutz est situé au sein d'un jardin botanique rassemblant plus de neuf cents variétés d'arbres, de plantes et de fleurs. Les chats, les chiens, les poules et les paons se baladent dans les allées verdoyantes.

Rien ne laisse présager que ce havre de paix puisse être le théâtre d'un massacre historique. Au moment où l'alerte est lancée ce matin-là, Ofer se réfugie dans le *mamad*, la pièce sécurisée, avec ses enfants. Les terroristes envahissent le kibboutz. Hadas, Ofer et les enfants échangent par messages dans le groupe familial. « Je vous aime, vous êtes ma vie. Je vous aime tellement. Je vis pour vous. Prenez soin l'un de l'autre », leur envoie Hamad. Et Sahar de répondre : « Maman, je t'aime, maman, maman. » Erez la conseille : « Maman, sois silencieuse, je t'aime. » Peu après, Ofer l'informe qu'ils ont dû quitter en urgence la maison : « On est dehors, on a dû se sauver par la fenêtre, on est dans les buissons. » En fait, les combattants du groupe islamiste palestinien ont mis le feu à leur maison. Réfugiés derrière des arbustes, Sahar et Erez retirent leur tee-shirts blancs pour être le moins visibles possible. Ils assistent à des scènes d'une grande sauvagerie. Aux membres du Hamas, kalachnikov en bandoulière, s'ajoutent des Gazaouis, hommes, femmes, adolescents, voire enfants, qui volent, vident les maisons des « Juifs », et violentent. Même les chiens sont abattus. Ofer et ses enfants auraient pu échapper à la barbarie. Mais un jeune Palestinien, qui s'amusait par là, les repère. Ofer lui fait signe de ne rien dire ; le jeune se dépêche de prévenir les autres combattants. Menacé par les armes, Ofer est contraint de jeter son pistolet devant les terroristes. Erez et Sahar sont emmenés chacun sur une moto et leur père embarqué dans une camionnette. Direction l'enfer. Séparés les uns des autres. Sahar a été placée dans une des geôles de ce que l'on surnomme « le métro de Gaza ». Sous terre, dans ces tunnels aménagés avec salle de bain et cuisine pour les gardiens. L'air manque, la chaleur est étouffante, la lumière du jour absente. Tous les jours, la jeune fille de 16 ans redoute de se faire violer par les gardiens dont le regard insistant la terrorise. Ils lui expliquent que sa mère est morte, qu'il n'y a plus rien pour elle en Israël. « *I love Hamas, I love Hamas* », leur répète-t-elle, espérant ainsi sauver sa vie. Déterminée et courageuse, Sahar négocie avec ses ravisseurs des soins pour les otages blessés qui partagent sa cellule et un peu de nourriture. Elle croise une fois Ofer, dans un état très dégradé. Elle tente d'obtenir un peu plus de nourriture pour son père, particulièrement affaibli.

Son frère, lui, est retenu au-dessus, sur terre, sans être pour autant à l'air libre. Les deux premières semaines, Erez est gardé par un professeur, à son domicile qui sert aussi de cache d'armes. Le garçon n'est pas battu, mais a pour interdiction de parler et de bouger. Seul le dessin lui est autorisé. Lorsque des hommes le changent de lieu de détention, Erez est dissimulé sous un voile intégral, comme la plupart des otages. Un moyen d'éviter que d'autres groupes islamistes ne les kidnappent ou que la foule ne les lynche. Avant d'être libéré avec sa sœur Sahar à la suite de l'accord de trêve signé en novembre, Erez est regroupé, avec d'autres otages, dans l'hôpital du sud de Gaza.

De retour en Israël auprès de leur mère, de leurs grand frère et grande sœur, Erez et Sahar vivent maintenant à une heure de route au nord de Nir Oz, dans un appartement à Kyriat Gat, cette ville fondée en 1954 pour accueillir les réfugiés juifs venus du Maroc, d'Inde, et qui seront rejoints plus tard par ceux d'Union soviétique. C'est dans ce lieu qu'ont été relogés les survivants de Nir Oz. Une chaîne de solidarité s'est déployée autour d'eux pour les aider à faire face au traumatisme qui s'inscrit dans le temps. Les séquelles sont, il ne peut en être autrement, très fortes. Insomnies, crises d'angoisse, scolarité perturbée, etc. Ces deux enfants d'Ofer, en particulier, ont laissé une part d'eux-mêmes à Gaza. Rappelons que leur grand-mère Camela et leur nièce Noya ont été assassinées à Nir Oz dans d'effroyables circonstances, notamment brûlées. « Nous ne redeviendrons jamais qui nous étions », lâche amèrement Sahar à sa mère. Hadas redouble d'énergie pour tenter de leur changer les idées, les aider à reprendre des forces. L'absence d'Ofer pèse sur la famille. Aucune nouvelle de lui ne leur est parvenue. Le combat continue pour le ramener à la maison. Un quart des habitants de Nir Oz sont soit morts dans l'attaque du 7 octobre, soit otages. Ofer ne doit pas venir allonger cette terrible liste. Du moins ils l'espèrent.

À chaque annonce d'un décès, d'un corps retrouvé à Gaza par l'armée, les Kalderon se figent. Ils le savent, la nationalité française ne freine pas les combattants du Hamas lorsqu'il s'agit d'assassiner. Le 24 mai 2024, Tsahal annonçait avoir récupéré le corps d'un des trois derniers otages français, le Franco-Mexicain Orión Hernández Radoux. Présent au festival de musique Tribe of Nova, cet homme de 32 ans était le fils du Mexicain Sergio Hernández et de la Française Marie-Pascale Radoux, une peintre installée à Labastide-Saint-Georges dans le Tarn. Orión avait vécu de nombreuses années en France, où il avait suivi une partie de sa scolarité, ses années de primaire notamment. « Mon fils était juste de passage en Israël en tant que touriste, où il n'allait rester que pour quelques jours. Il était au mauvais endroit au mauvais moment », a confié sa mère. En effet, Orión était venu en Israël pour accompagner un groupe d'amis passionnés par les festivals de musique. Et passer du temps avec sa compagne, Shani Louk, une Germano-Israélienne de 22 ans, retrouvée morte dans la bande de Gaza par l'armée, peu après son enlèvement. Le mouvement islamiste palestinien avait diffusé les terribles images de la jeune femme inconsciente à l'arrière d'un pick-up, dénudée et ensanglantée, exhibée dans les rues de Gaza devant une foule en liesse.

Orión a laissé derrière lui un enfant de 2 ans dont il avait tatoué le nom, en arabe, sur sa poitrine.

Malgré l'intensité du drame qui touche le pays, la plupart des Israéliens refusent de céder à la tentation de la haine à l'égard de l'ensemble des Palestiniens. La situation des victimes collatérales, sans lien avec le Hamas, comme les enfants à Gaza, ne les laisse pas indifférents depuis le début de l'intervention armée dans la bande. Lors des manifestations hebdomadaires pour réclamer la libération des otages israéliens, à Tel Aviv ou à Jérusalem, aucun slogan raciste ou belliqueux n'est scandé. Les affiches et autres autocollants qui recouvrent les abris bus ou les murs des gares du pays illustrent l'état d'esprit de cette société meurtrie ; l'expression la plus violente est « *Fuck Hamas* ». Une position que fait sienne la plupart des familles de victimes. Yohann Levy a beau être meurtri par la perte de son fils Yitzhak, il ne semble pas pour autant basculer dans le ressentiment. Une force de caractère, une intelligence d'esprit, l'étude des textes saints comme rempart, sa famille comme boussole ? Son analyse est limpide :

« Personne n'est gagnant avec la guerre, les Palestiniens perdent leurs enfants, nous perdons aussi les nôtres, ce n'est souhaitable d'aucun côté. Les Arabes palestiniens sont des gens intelligents, ils peuvent être avocats, médecins... Avec l'argent reçu, s'ils avaient fait les bons choix, Gaza aurait pu être un territoire incroyable, développé et prospère. »

3

La question de la profanation des corps

L'attaque du 7 octobre et les prises d'otages qui se sont ensuivies a imposé à la société israélienne comme aux familles le délicat sujet des violences sexuelles. Car les hommes du Hamas ou du djihad, et même des hommes sans engagements autre que la haine, ont trouvé l'opportunité de mettre en œuvre une cruauté dépassant la pulsion individuelle. Les terroristes ne se sont pas contentés d'assassiner : ils ont mutilé, violé des femmes, et des hommes.

Ce samedi matin, les premiers à avoir forcé la frontière israélienne sont les membres du Hamas, largement armés de kalachnikovs. S'est ensuivi le passage de Gazaouis, terroristes d'opportunité, armés de couteaux. Le corps de femmes retrouvés étendus sur le sol atteste qu'elles ont subi un même *modus operandi* : les jambes écartées, la jupe remontée, les sous-vêtements arrachés, et des signes de traumatismes, de violence exercée au niveau des jambes et du sexe. Des pénétrations ont été parfois commises avec des objets.

Toutes ces agressions ont été documentées grâce aux rapports des médecins légistes, aux vidéos des caméras de sécurité ou à celles retrouvées sur les terroristes qui ont filmé leurs exactions sadiques. On le doit aussi aux témoignages des survivants et aux témoins oculaires. À Nova, des festivaliers cachés ont assisté au viol collectif d'une femme avant qu'elle ne soit mutilée. Au moment où il éjaculait, tout à sa jouissance morbide, le dernier violeur lui a tiré une balle dans la tête, avant de trancher sa poitrine au couteau et de jouer avec ses seins, tels des ballons sanglants, avec les autres combattants. Un dernier geste de déshumanisation. Certaines femmes étaient blessées, d'autres déjà mortes lorsque ces pénétrations se déroulaient. Ceux qui ont assisté à ces scènes insoutenables n'ont pas pu porter secours ; il y allait de leur vie[1].

Si les viols ont été, à ce point, systématiques, qu'en est-il des femmes otages, comme des hommes, sur le plan des violences sexuelles ? Des non-dits entourent cette interrogation, tant elle est douloureuse. Les femmes ex-otages, une fois revenues de

1. Lee Yaron, *7 octobre*, Grasset, 2024.

Gaza, se sont vu proposer dès l'hôpital un traitement post-exposition sexuelle au VIH – celui donné après une situation à risque. Ainsi qu'un dépistage immédiat des diverses maladies sexuellement transmissibles. Et un test de grossesse.

Ces hommes, qu'ils soient affiliés au Hamas ou simples sympathisants, ont cherché à souiller les corps, à porter atteinte à l'intimité des victimes et à l'honneur de leur famille. Dans un classique des guerres barbares où l'on veut signifier à l'ennemi que ce sera sans merci. L'acte n'est pas individuel, singulier et autonome. Il ne s'agit pas seulement de répondre à une pulsion de violence sexuelle. La profanation de la femme de son ennemi par le viol est une arme de guerre qui vise la société tout entière. Violer des Israéliennes – des Juives – comme vengeance absolue et le faire savoir, c'est le terrorisme par le viol. La symbolique dit la volonté d'anéantir un peuple, de le marquer dans sa chair en souillant jusqu'à ses morts, en touchant à son honneur. D'où l'importance de la publicité autour de ces pénétrations forcées, accompagnées d'actes de torture et de cruauté. Symbole de fécondité, figure de la maternité, la femme – la mère – représente la vie, incarne la reproduction et donc la continuité historique et démographique des peuples. Dominer par la violence le corps des femmes, c'est atteindre à l'identité du groupe attaqué. En s'attaquant à des femmes, en les abîmant par là où on enfante, le viol devient alors une arme de nature génocidaire. *Un moyen*, au sens où l'entend en général l'anthropologue et ethnologue Véronique Nahoum-Grappe[1] qui a étudié les rapports entre sexe et violence. À travers ce langage nihiliste, les agresseurs passent un message à la société visée : la destruction du collectif doit être totale, et commise de la manière la plus violente possible. L'ennemi ne peut pas seulement être vaincu selon les règles de la guerre militaire contemporaine : « le tuer simplement est alors trop doux ; il faut lui faire regretter d'être né », écrit la chercheuse à propos de l'efficacité destructrice des violences sexuelles en temps de guerre. L'historicité de la pratique commence, petit à petit, à être documentée. À l'époque contemporaine, on trouve des comportements similaires en Bosnie, en ex-Yougoslavie, au Congo ou au Rwanda, par exemple.

Les combattants du Hamas et leurs sympathisants ont conscience de ce qu'ils font en s'en prenant à l'idée même de filiation, et ce d'autant plus que leur connaissance de la société israélienne, et du judaïsme leur fait parfaitement mesurer l'importance

1. Véronique Nahoum-Grappe, « Violences sexuelles en temps de guerre », *Inflexions*, 2011/2 (n° 17), p. 123-138.

d'une identité qui se transmet par la mère, selon la doxa rabbinique. Plus que la mort, c'est la manière dont elle est donnée qui déshumanise. Une vision de la vie et de l'humanité qui dit beaucoup du projet politique du Hamas en Palestine.

Pour les combattants du Hamas, violer des Juives a donc été une fierté. Pour elles, une terreur honteuse. La vidéo de la jeune étudiante israélienne Naama Levy, âgée de 19 ans au moment du 7 octobre, sortant d'un 4x4 le pantalon ensanglanté au niveau des parties génitales, et présentée comme un trophée par les combattants du Hamas, a fait le tour du monde et ému par-delà les frontières. À l'heure où ce livre est écrit, Naama Levy est toujours retenue à Gaza. Comme ces autres femmes que les images montrent retenues dans des tunnels - une voix n'hésitant pas à faire savoir qu'elles seront violées et que leur ventre pourra enfanter l'enfant de leur ennemi (en islam, la filiation passe par le père). Inversion des valeurs : depuis la Grèce antique, le non-respect de la dépouille de l'ennemi est considéré comme une faute. L'*Iliade* en fait un élément déterminant qui vaudra à Achille d'être puni par les dieux pour ne pas avoir respecté le corps de son ennemi Hector, aveuglé qu'il était par la mort de son ami Patrocle. Dès l'Antiquité, le respect du corps - fût-il celui de son ennemi - est perçu comme le premier signe d'humanité.

Rares sont les rescapés à ce jour qui rendent public le récit des violences sexuelles subies lors de leur captivité. Après cinquante-cinq jours de captivité, la Franco-Israélienne Mia Schem, enlevée à proximité du festival Nova alors qu'elle tentait de fuir avec son ami Elia Toledano, a trouvé la force de raconter son calvaire dans les médias. Elle évoque sa « peur d'être violée », son ravisseur qui la regardait en permanence, et le fait qu'avoir été retenue dans la maison familiale de son geôlier a pu la sauver d'une agression physique. L'épouse était jalouse de Mia, elle s'arrangeait pour que son mari ne reste jamais seul avec elle. Amit Soussana a eu moins de chance. Cette avocate israélienne de 40 ans a été la première à raconter les abus subis en détention, au *New York Times*. Les journalistes ont vérifié ses propos en consultant son dossier médical, ainsi que des images, et en s'entretenant avec ses médecins. Kidnappée chez elle, au kibboutz de Kfar Aza, par une dizaine de combattants, Amit Soussana a été battue et agressée sexuellement dans une chambre d'enfant où elle était enfermée. L'un des gardes en charge de sa surveillance lui posait régulièrement des questions sur sa vie sexuelle et voulait tout savoir de ses menstruations. « Chaque jour, il demandait : "As-tu eu tes règles ? As-tu eu tes règles ? Quand tu auras tes règles, quand ce sera fini, tu te laveras, tu prendras une douche et tu laveras tes vêtements" », confie l'ancienne otage au journal américain. En effet, comme dans le judaïsme, l'islam interdit formellement les relations sexuelles pendant la période de menstruation. La peur d'être souillé devant son Dieu est-elle plus forte que l'acte de souiller sa victime ? Respectueux de cette consigne religieuse, son geôlier, Muhammad, qu'elle décrit comme un homme « rondouillard, dégarni, de taille moyenne », surveillait l'otage autant que son cycle. Il ne voulait pas courir le risque qu'elle fût impure aux yeux de sa religion lors du viol. Les règles d'Amit Soussana se déclenchent autour du 18 octobre. Mais du fait de ses carences, du manque de sommeil et de nourriture, les saignements ne durent qu'une journée. Espérant échapper aux sévices, elle fait croire à Muhammad que son cycle s'étend sur plusieurs jours. Jusqu'au 24 octobre environ. Alors qu'elle prend une douche, il entre, la menace de son arme : « Il m'a assise sur le rebord de la baignoire. Et j'ai fermé mes jambes. J'ai résisté. Il a continué à me donner des coups de poing et a pointé son arme sur mon visage. Il m'a ensuite traînée jusque dans la chambre. » Une chambre d'enfant avec des posters de *Bob l'éponge*. C'est là qu'il la force, toujours sous la menace de l'arme, à réaliser un acte sexuel. Après ses agressions, Muhammad exprime du remords et répète à sa victime : « Je suis mauvais, je suis mauvais, s'il te plaît ne dit rien à Israël ! » Étrange contrition qui atteste une claire conscience de la transgression des valeurs. Les autres détails de son calvaire ne seront pas rendus publics. Le témoignage d'Amit Soussana a provoqué une vive émotion dans tout le pays. « Amit Soussana parle au nom de toutes les victimes des crimes et agressions sexuelles abjects du Hamas [...], de toutes les femmes du monde entier », a déclaré le président israélien, Isaac Herzog. Mais chacun a conscience de ce qu'il en est réellement, et qu'il ne peut malheureusement pas en être autrement.

Devant l'émotion suscitée malgré tout dans la presse internationale, le Hamas a fini par nier avoir autorisé ses hommes armés à commettre quelque forme de violence sexuelle que ce soit lors de l'attaque du 7 octobre. Pourtant, les agresseurs eux-mêmes reconnaissent leurs actes - quand ils ne les ont pas filmés. Arrêtés lors d'une intervention militaire de Tsahal dans Gaza en mars dernier, Jamal Hussein Ahmad Radi, âgé de 47 ans, et son fils de 18 ans Abdallah ont été interrogés par le Shin Bet. Devant les preuves, ils ont reconnu avoir été présents au kibboutz de Nir Oz le 7 octobre, avoir violé et tué des civils en passant de maison en maison. « Elle criait, elle pleurait, j'ai fait ce que j'ai fait, je l'ai violée. Je l'ai menacée avec mon arme pour qu'elle se déshabille, je me souviens qu'elle portait un short en jean, c'est à peu près tout », explique le père de sept enfants. Abdallah se souvient aussi d'une autre Israélienne croisée lors de leur mission macabre : « Mon père l'a violée, puis je l'ai fait, puis mon cousin l'a fait. Nous, nous sommes partis, mais mon père a tué la femme après avoir fini de la violer [...]. Avant cette femme, nous avions violé une autre fille, j'ai tué deux personnes, j'ai violé deux personnes et je suis entré dans cinq maisons. »

En juillet 2023, la société israélienne a fait face à une nouvelle secousse sismique, post-7 octobre, comme une nouvelle secousse traumatique, en découvrant le témoignage d'un survivant du festival de musique. Pour la première fois, un homme acceptait de raconter le viol dont il avait été victime à Nova, perpétré par les terroristes du Hamas. Tout en préservant son anonymat, la télévision israélienne a diffusé le récit de celui qui est appelé « Dalet » : « Ils vous clouent au sol, vous essayez de résister, ils vous déshabillent, se moquent de vous, vous humilient, vous crachent dessus. » Avant d'ajouter : « Vous ne savez pas quoi faire sur le moment, si vous devez résister ou laisser passer, comment gérer la situation. [...] À un moment donné, d'autres personnes sont arrivées et les ont appelés et ils ont donc dû s'arrêter. » Le viol a été corroboré par des médecins qui l'ont examiné par la suite, et une enquête judiciaire a été ouverte. Dalet s'en sortira vivant grâce à l'arrivée des forces de sécurité israéliennes. Un témoignage particulièrement précieux alors que les viols commis comme actes de guerre ont trop souvent été l'impensé des programmes internationaux de soutien aux victimes des guerres, et même de la recherche universitaire – les viols d'hommes à plus forte raison. Car l'imaginaire façonné dans les années 70 aux États-Unis avec les travaux de Susan Brownmiller fait du sexe en tant que genre une catégorie figée dans des rapports femme-homme régis par la domination. L'homme serait fait pour violer des femmes. Une approche que dénonce Lara Stemple[1] dans la mesure où elle masque des réalités bien plus complexes. Lorsque la masculinité est réduite à une force de domination et d'oppression, les hommes adultes victimes ne peuvent être perçus comme de potentielles victimes d'un acte qui, dans l'imaginaire, n'est commis que sur des femmes ou des enfants. Pourtant, en guerre, on viole aussi des hommes – le Hamas l'a rappelé – afin de briser leur masculinité et de toucher à ce qui serait de l'ordre de l'honneur. C'est un autre tabou qui entoure le 7 octobre.

1. Lara Stemple, *Male Rape and Human Rights*, 60 Hastings L.J. 605 (2009).

En Israël, le groupe Projet Dina s'est donné pour mission de collecter et de vérifier les informations relatives aux violences sexuelles commises lors de l'attaque du 7 octobre. Lancée par des juristes en réaction au choc des premiers récits, cette initiative joue un rôle déterminant dans l'analyse des témoignages. Ambitieux et nécessaire, le but est double. D'une part déclencher des enquêtes et arriver, à terme, à engager des poursuites judiciaires et des condamnations des coupables qui pourraient être arrêtés. D'autre part faire comprendre qu'utiliser le viol des femmes comme arme de guerre ne restera pas impuni. L'une des fondatrices du groupe, Nava Ben-Or, ancienne juge du tribunal de district de Jérusalem et ex-procureure adjointe chargée des affaires pénales, espère que son pays arrivera à traduire devant la justice pénale les responsables de ces actes, avec le chef de crime de guerre spécifique à l'encontre des femmes. C'est aussi dans ce sens que Projet Dina rassemble les témoignages et les nombreuses photos de femmes dont les organes sexuels ont été mutilés. Avec elle travaille Ayelet Razin Bet Or. Ex-procureur pénal, celle-ci a été choquée par la réaction de la communauté internationale devant ces crimes. Projet Dina veut donner aux yeux du monde tout le crédit que l'on doit à la parole des victimes des agressions sexuelles, en particulier dès lors que les paroles sont mises en doute en dehors d'Israël. Car, après un silence assourdissant, certaines féministes soutenant la cause palestinienne ont tenté d'expliquer les viols et mutilations à l'aune du conflit israélo-palestinien, oubliant ainsi leur féminisme – pour ne pas dire une part de leur humanisme. Il aura fallu attendre décembre 2023 pour que l'ONU Femmes fasse référence au sort spécifique subi par les Israéliennes. Le rapport de Pramila Patten, représentante spéciale de l'ONU chargée du sujet des violences sexuelles en période de conflit, publié en mars 2024, est éloquent. Pourtant, manifestement pas assez pour convaincre toutes les organisations internationales et féministes. « Il y a eu la volonté dans certains rapports des agences onusiennes d'égaliser les situations, de niveler la gravité et de renvoyer alors dos à dos les violences sexuelles commises par les terroristes du Hamas avec d'éventuelles dérives commises par des membres de la sécurité israélienne. Or, Israël dispose d'un arsenal juridique et sanctionne ceux qui violeraient le droit », insiste Ayelet Razin Bet Or. Ce sont du reste des ONG israéliennes qui n'ont pas hésité à dénoncer les cas de dérive. Rien de tel côté palestinien.

Ce que l'on appelle désormais en France la libération de la parole des femmes, les nombreux « je te crois » affichés sur nos murs, ne parvient pas à passer l'obstacle d'un ressentiment idéologique. « Israélienne, je ne te crois pas », semble dire la majorité des courants féministes. Il n'est pas certain que ce refus de voir puisse être un moyen de se protéger d'une réalité trop violente : les féministes de toutes obédiences en France voient les viols en Ukraine, au Congo, au Soudan, elles ne les voient pas à la frontière de Gaza. La Franco-Israélienne violée n'est plus française. Elle n'est que juive, elle ne peut être qu'oppresseur, certainement pas victime. Ou si elle l'est, le silence qui l'entoure semble dire qu'elle aurait mérité son sort. Le 7 octobre, c'est aussi le féminisme qui a reculé en France et dans le monde, en même temps que la paix.

DEUXIÈME PARTIE

Les effets du 7 octobre en France

Plus de trois mille kilomètres séparent Israël de la France, et pourtant, le conflit israélo-palestinien a des répercussions particulières dans l'Hexagone. Bien que des manifestations aient lieu dans le monde entier – à Londres, à Bruxelles, aux États-Unis, sans parler des pays arabo-musulmans –, la France vit ce conflit d'une manière singulière. Ce n'est pas uniquement dû à la profondeur des liens affectifs et familiaux entre les deux pays. Le 7 octobre 2023, jour que l'on nomme désormais « le samedi rouge », a accéléré des reconfigurations politiques et sociétales en France, faisant de cet événement tragique un véritable tournant dans notre histoire contemporaine.

Longtemps, l'antisémitisme en France a été associé à l'extrême droite, notamment en raison de l'héritage du régime de Vichy, qui a mis en place des politiques antisémites sous l'influence de figures comme Raphaël Alibert et Xavier Vallat. Cependant, les événements récents ont mis en lumière des ambiguïtés au sein de la gauche radicale, ainsi que l'incapacité de la gauche plus modérée à faire de la lutte contre l'antisémitisme une priorité sur le plan politique et moral. Ce renversement de situation est tel que ceux qui étaient autrefois perçus comme les principaux vecteurs de l'antisémitisme apparaissent aujourd'hui comme des remparts contre ce phénomène, ou du moins comme insoupçonnables.

Comment en sommes-nous arrivés là ? Comment en sommes-nous arrivés à ce que des députés français, comme Mathilde Panot, refusent de qualifier le Hamas de groupe terroriste, tandis que d'autres, comme Danièle Obono, le décrivent même comme un « mouvement de résistance » ? Cette comparaison erronée avec les résistants français de la Seconde Guerre mondiale, qui n'ont jamais utilisé de méthodes violentes contre les civils, témoigne d'ailleurs d'une confusion morale qui reconfigure absolument notre paysage politique.

L'hommage controversé rendu par certains élus à des figures du Hamas, comme Ismaïl Haniyeh, chef du mouvement exécuté à Téhéran le 31 juillet 2024, est sans doute l'illustration la plus terrifiante de cette tendance au sein de l'extrême gauche française. Cette attitude contraste avec le soutien passé d'intellectuels ou de politiques à des figures comme Staline ou Mao, qui pouvait être justifié par une propagande habile présentant leurs régimes comme des réussites. Avec le Hamas, la violence et l'oppression sont affichées sans détour, comme en témoigne la transformation de Gaza en une enclave de dictature islamique violente ; pourtant, le soutien persiste pour certains.

Bref, nous vivons une reconfiguration complexe du paysage politique français en matière d'antisémitisme, où les lignes idéologiques traditionnelles sont de plus en plus floues. La lutte contre l'antisémitisme, autrefois portée par la gauche, semble aujourd'hui reléguée au second plan par certains de ses représentants, tandis que l'extrême droite, historiquement associée à ce fléau, cherche à se présenter comme un rempart contre lui. Cette situation paradoxale appelle à une réflexion approfondie sur les valeurs et les priorités de notre société, afin de combattre efficacement toutes les formes d'antisémitisme, quelles que soient leurs origines idéologiques.

1

Les répercussions dans les différentes sphères de la société

Le monde universitaire

Les campus français se sont très vite mobilisés autour de la cause palestinienne, souvent sans que les étudiants maîtrisent toutes les données du conflit. Si l'engagement de la jeunesse n'est pas nouveau ni nécessairement critiquable, certaines manifestations ont pris une tournure inquiétante. Des slogans violents, comme « sionistes hors de nos facs », inscrits sur des banderoles géantes à l'entrée de l'université Sorbonne-Nouvelle à Paris le 4 avril 2024, n'ont pas pour but de soutenir les Palestiniens, mais de terroriser les étudiants juifs.

Les voix dissonantes, celles qui tentent d'exprimer un soutien aux otages du 7 octobre et qui manifestent leur volonté de lutter contre l'antisémitisme, sont au mieux marginalisées, sinon prises à partie. C'est le cas du collectif Golem, un mouvement d'étudiants juifs de gauche. En mai 2024, deux de ses membres, invités à une table ronde sur le conflit israélo-palestinien à l'université de Lille, ont dû quitter urgemment les lieux après avoir été la cible d'invectives les qualifiant de « colons », de « fascistes » et de « génocidaires ».

Le milieu sportif

Le milieu sportif, de plus en plus poreux aux enjeux politiques et régulièrement appelé à s'exprimer sur des causes diverses, s'est trouvé au cœur de controverses. Un exemple frappant est celui du documentaire *Auschwitz, en mémoire des champions*, diffusé en juin 2024 sur RMC et réalisé par Frédéric Roullier. Ce projet, qui devait suivre des sportifs français dans le camp de la mort, sur les traces de trois grands champions déportés, aurait pu ne jamais voir le jour.

Initié bien avant octobre 2023, le projet a été bouleversé par les attentats en Israël, les prises d'otages et l'intervention militaire israélienne à Gaza. La moitié des sportifs, influencés ou non par leurs proches et leurs agents, ont préféré se retirer du projet. Leurs explications étaient claires : ils ne voulaient pas associer leur image aux Juifs par crainte que cela passe pour un soutien à Israël. « Aller à » devenait « prendre partie pour ». Le problème s'est renouvelé récemment lors de l'hommage organisé par le Crif en mémoire des athlètes israéliens assassinés lors des Jeux olympiques de Munich. Une ancienne grande championne, ex-ministre des Sports, a décliné l'invitation au motif que cela pouvait venir « troubler la paix et l'unité des Jeux paralympiques ». Une manière de dire qu'avant d'être des sportifs, il s'agissait d'Israéliens. On peut se demander si, pour des victimes d'une autre nationalité, la « peur de troubler la paix et l'unité » aurait été la même. Ces réactions montrent à quel point la mémoire de la Shoah est désormais perçue par certains comme un engagement en faveur de la politique israélienne, une confusion dangereuse qui occulte l'importance universelle de ce devoir de mémoire.

La sphère culturelle

Le monde de la culture, traditionnellement engagé et prompt à la réaction, s'est montré étonnamment discret face au pogrom commis par le Hamas. Cette frilosité témoigne d'un désir d'être « du bon côté de l'histoire » à moindre coût, au détriment parfois de valeurs humanistes fondamentales.

L'histoire de Galit Jaoui, apparentée à l'actrice Agnès Jaoui, illustre douloureusement ce phénomène. Cette Franco-Israélienne, qui a perdu, comme on a vu, sa fille Noya de 12 ans et sa mère Carmela âgée de 80 ans, brûlées toutes deux par les terroristes palestiniens le 7 octobre, s'est heurtée à l'indifférence de ses anciens contacts dans le milieu du spectacle parisien. Lorsqu'elle a demandé de l'aide pour médiatiser l'histoire de sa famille, elle s'est vu opposer un refus poli, mais ferme, ses interlocuteurs refusant de condamner publiquement les actes du Hamas.

Cette attitude a été dénoncée par quelques voix courageuses, comme celle de l'animateur Arthur, qui a appelé ses collègues à sortir de leur silence. Cependant, ces prises de position restent rares et exposent leurs auteurs à des menaces, au point qu'Arthur et sa famille sont aujourd'hui placés sous protection.

Le phénomène touche même les nouveaux médias. Les créateurs de contenu, influenceurs et YouTubeurs, se trouvent soumis à une pression intense pour se positionner en faveur de la « cause palestinienne » – une expression qui, dans ce contexte, tend à légitimer les actions du Hamas. L'exemple d'Océane Amsler, influenceuse aux millions d'abonnés, est révélateur : sa simple participation à une campagne publicitaire pour Coca-Cola lui a valu une campagne de boycott, la marque étant accusée de « soutenir le génocide » à Gaza.

L'antisémitisme au quotidien

Pendant ce temps, l'antisémitisme ne cesse de croître en France. En février 2024, le ministre de l'Intérieur Gérald Darmanin annonçait une hausse de 284 % des actes antisémites entre 2022 et 2023 ; entre octobre et novembre 2023, l'augmentation avoisinait les 1 000 % par rapport aux mêmes mois l'année précédente.

Cette montée de l'antisémitisme s'accompagne d'une augmentation significative des départs de Juifs français vers Israël ou d'autres destinations jugées plus sûres. Dans les quarante-huit heures qui ont suivi le second tour des élections législatives en 2024, marquées par l'arrivée en tête du Nouveau Front populaire dominé par les Insoumis, près de deux mille dossiers d'alyah ont été enregistrés par l'Agence juive. Ce nombre s'ajoute aux nombreuses demandes déjà enregistrées à la suite du massacre du 7 octobre.

Le risque d'une France sans Juifs, impensable il y a encore quelques années, est devenu une possibilité tangible. La confusion morale qui règne actuellement, où Juifs et Palestiniens se voient attribuer des rôles figés d'oppresseurs et d'opprimés, contribue à cette situation alarmante. Par un processus d'inversion victimaire, les Juifs, systématiquement stigmatisés sous l'appellation « sionistes », sont assimilés à des collaborateurs des « nouveaux nazis » dont Israël serait le pays, tandis que les Palestiniens seraient les « Juifs de notre époque ». Dans ce contexte où l'antisémitisme progresse, l'un des signes positifs réside dans l'échec des militants qui ont voulu faire de la haine d'Israël un sujet de mobilisation massive des jeunes des banlieues ou des populations issues de l'immigration. Un an après le début de l'intervention militaire à Gaza, force est de constater que cela n'a pas fonctionné. Il est heureux que le bon sens populaire l'ait emporté sur les désirs de soulèvement de ces militants, loin du projet de vivre-ensemble qu'ils aiment afficher[1].

Cette confusion totale marque la fin de la parenthèse ouverte après Nuremberg et la Seconde Guerre mondiale. L'irrémissibilité de l'antisémitisme s'est exprimée en France au lendemain des massacres commis par le Hamas, rappelant que si la majorité des Français peuvent sembler peu intéressés par la situation au Moyen-Orient, l'histoire est souvent faite par des minorités obstinées qui parviennent à paralyser des majorités.

1. Rachel Binhas, « On se respecte mais on évite certains sujets », *Marianne*, 11 mai 2024.

2

L'incroyable deux poids deux mesures

Revenons aux otages franco-israéliens. Pour montrer combien notre époque a changé, pour prouver à chacun que notre attitude à leur égard est honteuse, il suffit de comparer nos réactions d'aujourd'hui avec nos réactions d'hier. Comment justifier une telle différence de traitement ?

Être otage dans le monde d'avant

Alors journalistes indépendants pour RFI et *Le Figaro*, Christian Chesnot et George Malbrunot font partie de ces noms qui ont rythmé, encore récemment, le quotidien des Français durant toute leur période de captivité. Les Français avaient sans doute oublié ce type d'événement depuis l'enlèvement, en

1985, de deux diplomates français, Marcel Carton et Marcel Fontaine, suivi quelques semaines plus tard par celui de Jean-Paul Kauffmann et Michel Seurat, perpétrés par le Hezbollah. Les trois premiers resteront en captivité pendant près de trois ans, tandis que Michel Seurat décèdera durant sa détention. Chaque soir, les journaux télévisés affichaient leurs portraits, leur durée de détention rythmant les jours, et l'on pouvait entendre régulièrement parler de la bataille que menait Joëlle Brunerie-Kauffmann contre l'oubli.

Enlevés le 20 août 2004 par l'Armée islamique en Irak avec leur chauffeur et guide syrien Mohamed Al-Joundi, Christian Chesnot et Georges Malbrunot sont restés deux mois aux mains de ravisseurs qui exigeaient officiellement le retrait de la loi relative à la laïcité. Quelques jours après l'annonce de leur kidnapping, deux portraits géants seront installés sur la façade de l'hôtel de ville à Paris. Des messages de soutien enregistrés par des personnalités sont diffusés tous les jours sur les ondes, sur l'ensemble des grandes radios. À la télévision, les chaînes nationales, ainsi que les télévisions francophones belges et suisses, diffuseront régulièrement une vidéo de vingt-quatre secondes réalisée par l'agence de presse Capa. Dans la mairie de Baugé, non loin d'Angers, où résident les parents de Christian Chesnot, les portraits des deux otages sont accrochés dans le hall. Sur place, l'ONG Amnesty International organise une manifestation de soutien.

L'indignation publique mobilise même des organisations musulmanes. La Grande Mosquée de Paris organisera une prière le 30 août pour la libération des journalistes. Une délégation de trois membres du CFCM se rendra en Irak à Bagdad dès le 2 septembre afin de rencontrer la principale organisation religieuse sunnite, le Comité des oulémas, et peser sur les négociations. Se joindront à leur demande la Ligue arabe, les Frères musulmans égyptiens, le président de l'Autorité palestinienne Yasser Arafat et la chaîne Al Jazeera. Les deux journalistes seront finalement relâchés quelques jours avant Noël, le 21 décembre 2004. Bien que le journal londonien *The Times* ait affirmé à l'époque qu'une somme de 15 millions de dollars avait été payée par la France pour les faire libérer, Paris a toujours démenti s'être acquitté d'une rançon.

Une autre journaliste, Florence Aubenas, sera elle aussi kidnappée avec son fixeur, Hussein Hanoun al-Saadi, à l'université de Bagdad lors d'un reportage sur les réfugiés de Falloujah, deux semaines après la libération des deux journalistes, et retenue cinq mois, entre janvier et juin 2005, par un groupe islamiste. Certes, l'émotion était liée à leur statut de journaliste et à la liberté d'informer, mais au moins y avait-il des preuves de vie, parfois manipulées par les ravisseurs.

On peut penser à d'autres journalistes encore. Au calvaire vécu par le journaliste Didier François, enlevé le 6 juin 2013 par l'organisation État islamique en Irak et au Levant au nord d'Alep, où il enquêtait sur l'utilisation d'armes chimiques par le régime syrien. Torturé, il est libéré le 19 avril 2014 en même temps que son camarade de détention, le photographe Édouard Elias, et deux autres collègues français également pris en otage dans la région. Il aura aussi bénéficié d'une intense mobilisation pour que le silence ne le recouvre pas.

Car ce que veulent les familles des deux otages franco-israéliens, même s'ils ne sont pas journalistes ou diplomates, c'est justement qu'on ne les oublie pas afin qu'ils aient une chance de revenir vivants, plutôt qu'un silence qui semble préfigurer une sépulture à venir. D'autant qu'il n'y a pas de visite de la Croix-Rouge, de preuves de vie, rien. On mesure là qu'un kidnappé n'en vaut pas un autre, et que posséder la nationalité française n'a pas le même poids si l'autre nationalité est israélienne.

On le mesure encore avec le cas d'Íngrid Betancourt, qui aura bénéficié d'un soutien national sans faille. La Franco-Colombienne, engagée en politique en Colombie et candidate à l'élection présidentielle, est kidnappée par les Forces armées révolutionnaires de Colombie (FARC) le 23 février 2002. De nombreuses actions de solidarité voient le jour : manifestations de soutien, pétitions, etc. Son nom sera connu de tous les Français. Un spot télévisé de trente secondes est créé par France Télévisions pour « sensibiliser l'opinion publique sur la situation d'Íngrid Betancourt et de tous les otages en Colombie » – tous les otages, c'est nous qui soulignons – et diffusé sur les chaînes du service public. L'hôtel de ville de Paris est orné d'un immense portrait de la Franco-Colombienne sur le fronton de la mairie. Un compteur de ses jours de détention est placé au-dessus de la photo. Faite citoyenne d'honneur de la ville de Paris, Íngrid Betancourt acquiert une grande visibilité jusqu'à en être sanctifiée dans l'opinion publique. Elle est libérée par l'armée colombienne le 2 juillet 2008, après avoir passé plus de six ans aux mains des FARC. Accueillie par Nicolas Sarkozy, alors président de la République, la Franco-Colombienne a rassemblé au-delà de la géographie. C'est ce que lui a dit Jacques Chirac lorsqu'il l'a reçue dans ses bureaux parisiens à la suite de sa libération : « Vous avez profondément touché le cœur des Français. » Et de lui faire remarquer qu'il y a eu parmi les Français « une unanimité du cœur et de l'esprit pour vous aimer ». Libérer tous les otages colombiens, voilà ce que proclamaient les spots, les affiches, les prises de parole multiples.

De nos jours : une invisibilisation honteuse

Rien de cela pour les otages du 7 octobre, rien pour les otages qui ont la nationalité française, encore moins « pour tous les otages ». Leur nom et leur nombre sont passés sous silence. Rares sont les municipalités à avoir affiché leur portrait. Celles qui se sont engagées pour demander la libération des victimes du terrorisme du Hamas sont souvent des villes où réside une communauté juive importante : Bordeaux, Marseille, Trouville-sur-Mer et Deauville (Calvados), Saint-Mandé (Val-de-Marne), etc. En dépit des manifestations de protestation, la ville de Nice fait partie des quelques municipalités qui ont décidé d'exprimer publiquement leur soutien aux victimes israéliennes en accrochant le drapeau israélien à côté du drapeau français. Les panneaux publicitaires lumineux mettent en avant les enfants disparus le 7 octobre. Le maire de Nice, Christian Estrosi, a expliqué sa démarche sur Twitter (désormais appelé X) : « Nous relayons sur nos panneaux d'affichage la campagne #BringThemHome lancée par des anonymes avec les visages des enfants israéliens otages. Il y a tellement de familles sans nouvelles de leurs proches. Nous voulons redonner leur humanité à ces otages. » Comme dans certaines grandes capitales occidentales - Berlin, Londres, New York - peu après le 7 octobre, les couleurs israéliennes ont illuminé Paris, sur la tour Eiffel. Près de quatre mois après l'attentat, la municipalité a installé sur des cubes, aux entrées de l'hôtel de ville, les portraits des trois otages français encore détenus par le mouvement islamiste à l'époque, ainsi que de l'otage le plus jeune, le bébé Kfir Bibas, avant d'accorder quelques jours plus tard la citoyenneté d'honneur aux otages du Hamas. Des villes l'ont fait, la majorité d'entre elles ne l'a pas fait.

Dans la plupart des villes, la discrétion est de rigueur. Les visages des otages n'ont pas trouvé leur place dans l'espace public. Si les drapeaux ukrainien ou arménien ornent les frontons d'hôtels de ville en signe de solidarité, dans ces mêmes villes, le drapeau israélien n'est pas assumé, voire perçu comme un objet à forte charge polémique ne pouvant être associé à un hommage, à l'expression d'une compassion. Les actes terroristes qui ont frappé le sol de l'État hébreu le 7 octobre n'ont pas suffi à déclencher une émotion commune, à provoquer une union autour des victimes et une réaction citoyenne collective des municipalités. Et puisque même le silence a une fin, les polémiques ont très vite éclaté aux quatre coins de la France.

Il y a eu le geste de Jeanne Barseghian, maire EELV de Strasbourg, qui a fait retirer les drapeaux arménien, ukrainien et israélien au motif, peu convaincant, que « la juxtaposition de drapeaux nuit à la lisibilité du message » et que « les drapeaux peuvent déchaîner des passions », et ce trente-six heures après avoir installé un drapeau israélien, le 9 octobre. C'est bien le drapeau israélien qui était en surplus, et plutôt que de l'afficher, on a préféré tout enlever. Dans la commune de Marly (Nord), la minute de silence voulue par le maire Jean-Noël Verfaillie « pour toutes les victimes des attentats terroristes qui ont eu lieu en Israël et pour nos compatriotes décédés ces dernières heures » a été perturbée par deux élus de l'opposition, Serge Lekadir et Karim Berbache. Ce dernier a estimé que l'hommage n'était pas légitime et n'a pas apprécié « la comparaison faite avec le Bataclan » par l'édile. Un jeune juif qui fait la fête en écoutant de la musique ne peut être une victime comme une autre de la barbarie islamiste. Le maire de Charenton (Val-de-Marne), lui, est allé jusqu'à ordonner à la police municipale de verbaliser les colleurs d'affiches donnant à voir les otages du 7 octobre et a fait décoller les affiches-photos. Dans bien des villes, ces campagnes de sensibilisation au sort des otages ont été jugées comme une provocation, les affiches visibles dans la rue ont été régulièrement et systématiquement arrachées. En aurait-il été de même pour la photo d'une femme ou d'un enfant colombiens ?

Cette difficulté à compatir, voire ce réflexe de rejet, n'est heureusement pas partagé par les Français dans leur ensemble. C'est ce que semblent dire les sondages. Ils révèlent au contraire une empathie majoritaire au sein de la population. Selon une enquête Ifop-Crif publiée par *La Tribune* et réalisée six mois après les attaques terroristes du Hamas, 66 % des Français interrogés estiment qu'un cessez-le-feu entre Israël et le groupe islamiste doit d'abord être conditionné à la libération des otages. Une opinion majoritaire qui a du mal à se faire entendre cependant. Elle n'est pas du côté du bruit, de l'outrance. Cela explique sans doute que les otages français ne bénéficient que de peu de représentation permanente dans notre paysage social. En comparaison des prises d'otages précédentes, c'est plutôt leur invisibilisation qui caractérise leur situation. Elle interroge. « Pourquoi cette différence de traitement ? Quand on cherche des explications, on est embêtés. Et s'ils avaient été franco-américains ou franco-suisses ? » se lamente Olivier Jaoui, le cousin d'Ofer Kalderon, retenu à Gaza. « Sans être parano, on se dit "on nous en veut", "nous" étant ici "les Juifs". Et cela peut être associé à l'augmentation de l'antisémitisme en France », souffle-t-il avec pudeur. Lutter contre l'antisémitisme me semble aussi devoir passer par la nécessité de redonner une visibilité, une humanité, à ces victimes qui sont les nôtres parce qu'elles ont un lien avec la France, qu'elles chérissaient souvent comme leur deuxième patrie.

Aymeric Caron ou l'« antisionisme des imbéciles »

La place des otages français dans l'Hexagone s'est invitée jusqu'à l'Assemblée nationale. Lors de la première séance du 4 mai 2024, le conflit israélo-palestinien a été abordé de manière virulente par Aymeric Caron, député apparenté au parti de la France Insoumise et au Nouveau Front populaire. Le ministre délégué chargé de l'Europe lui a répondu malgré les protestations sur les bancs du groupe LFI-NFP : « Deux cent quarante et un jours et vous ne parvenez toujours pas à saluer la mémoire de nos quarante-trois compatriotes français sauvagement assassinés le 7 octobre ! Deux cent quarante et un jours et vous ne parvenez pas à adresser le moindre mot de soutien à nos deux compatriotes retenus dans des tunnels à Gaza, Ohad Yahalomi et Ofer

Kalderon, deux pères de famille de 49 et 53 ans. La moindre des choses, lorsque l'on est républicain et que l'on a des compatriotes retenus en otage à l'étranger, c'est de savoir prononcer leurs noms dans l'hémicycle de l'Assemblée nationale ! »

Force est de constater que la classe politique elle-même ne parvient pas à faire preuve d'unité autour de la question des otages. Nommer ces Français juifs contribue à les faire exister – ce qui semble être déjà trop pour une large part des représentants de la France insoumise-NFP. Si le conflit israélo-palestinien s'est impatronisé avec l'aide d'élus de gauche, ces derniers refusent d'importer, par la même occasion, l'ensemble des victimes, qui ne se vaudraient pas toutes. Pourtant, toutes méritent une place dans la mémoire collective, qui plus est lorsque les massacres commis relèvent du pogrom.

Ce refus de voir les victimes dès lors qu'elles sont israéliennes et juives, l'inversion accusatoire qui fait d'elles des coupables par nature ne relèvent pas seulement du symbole. Le langage produit ses effets sur les principaux concernés qui en viennent à douter de leur propre condition. Éva est la seule victime du 7 octobre qui a demandé l'anonymat de son témoignage. La raison ? Elle demeure désormais en France avec son époux, israélien, que l'on appellera Shiloh, et leur fils Nathan, et veut protéger sa famille. Ni juive ni israélienne, c'est en 2011, lors de vacances en Israël, qu'elle tombe amoureuse du kibboutz Nir Oz et de celui qui deviendra son mari. Cette Française ne parle pas un mot d'hébreu, mais s'installe néanmoins à Nir Oz dès 2013 où elle travaille à la crèche et à l'école maternelle.

Le 7 octobre, son mari est de garde. Il est à l'entrée du kibboutz avec son arme de service, quand sa femme et son fils, âgé de 7 ans, dorment dans la maison. Lorsque les sirènes retentissent, Éva et Nathan s'enferment dans leur pièce sécurisée, tandis que Shiloh gagne un abri extérieur, sans porte, conçu pour absorber le choc de l'impact des roquettes. Lorsque les terroristes arrivent, ils établissent leur QG autour de cet abri, sans prendre le temps de vérifier si quelqu'un se trouve à l'intérieur. C'est ce qui sauvera Shiloh. Ce n'est qu'aux alentours de 22 heures que le père de famille sera secouru par l'armée. De leur côté, Éva et Nathan vivent également des moments traumatisants. Les terroristes essaient à plusieurs reprises d'ouvrir la porte de la chambre. Vers 16 heures 30, Tsahal vient les délivrer. Après dix heures de silence, les premiers mots de Nathan devant le désastre autour d'eux annoncent l'ampleur du choc émotionnel : « Je veux retourner en France, je veux aller chez papi et mamie ! »

Éva et Shiloh ont décidé de déménager en France, pour le bien de leur fils, quittant la communauté et la famille paternelle. Pour le moment, ils n'envisagent pas leur vie ailleurs que dans l'Hexagone, loin de la guerre, mais pas de tous les problèmes. Celle qui vit dans une commune tranquille d'Île-de-France a été affectée par le discours des politiques du NFP et de LFI dans les médias. Elle confie avec pudeur ce qu'elle a ressenti : « À les écouter, j'en suis venue à me demander si je n'étais pas coupable de ce qui nous était arrivé. En habitant si proche de Gaza, n'avais-je pas nourri la haine qui s'est abattue sur nous ? Est-ce que j'étais vraiment victime ? Jusqu'à me sentir coupable d'être considérée comme telle. » Grâce à un travail sur elle-même, cette femme de 39 ans a dépassé ce sentiment et est bien conscience aujourd'hui que les habitants des kibboutz ne sont bien que des victimes.

Au fait de la résurgence de l'antisémitisme, Éva a demandé à son fils de ne pas parler hébreu avec son père dans les transports en commun. « Les avocats que nous avons vus ici ont confirmé ce que l'on pensait. Nous ne pouvons pas raconter à tout le monde ce qui nous est arrivé, il faut faire attention et opérer un tri », explique avec lucidité Éva. Elle le sait, pour les antisémites, toutes les victimes du terrorisme ne sont pas égales. « J'espère vraiment que les politiciens vont se réveiller et se rendre compte de la gravité de leurs propos, notamment à gauche. J'aime mon pays, mais là, ce n'est pas la France. »

3

Les efforts du gouvernement français

L'action de la République française se distingue de l'attitude d'un monde politique, médiatique et culturel timide – quand il n'est pas ambigu – face aux événements de ce samedi rouge en Israël. Les victimes détentrices de la nationalité française n'ont pas été oubliées par les institutions de l'Hexagone. Si leur pays d'origine n'a pas toujours su les protéger au sein de ses frontières, à la suite du 7 octobre, les ressortissants français ont pu cette fois-ci compter sur l'État. À la grande surprise des concernés, désemparés par le drame qui les a frappés et ne sachant plus à quel saint se vouer.

L'hommage de la France

Au centième jour de captivité des otages, le président Emmanuel Macron a tenu à prendre la parole sur les réseaux sociaux : « Ethan, Erez, Sahar et Mia sont revenus parmi nous, et nous pleurons la mort d'Elia. La nation française est déterminée à ce qu'Ohad et Ofer retrouvent leurs enfants libérés, et à ce qu'Oren soit libéré avec tous les otages des attaques du 7 octobre. La France n'abandonne pas ses enfants. » Peu après, une cérémonie à Paris était organisée, dédiée aux 42 victimes françaises, à ce moment-là. « Notre pays [...] a été touché dans sa chair. » Les mots du président de la République, ce 7 février 2024, ont ému les proches présents. Ces derniers ont été invités par la République à assister à la cérémonie aux Invalides. La symbolique est d'autant plus forte que la France est le premier pays – et le seul à ce jour – à avoir organisé un hommage national de ce type.

Cependant, la photo n'était pas tout à fait complète. Manquaient à l'appel les représentants de l'islam de France. Ceux qui s'étaient engagés à l'époque pour la libération des otages Christian Chesnot et Georges Malbrunot restent discrets. L'effort alors réalisé n'est pas réitéré.

L'aide matérielle et psychologique

Dans un pays submergé par le drame, bien des familles endeuillées ont eu l'impression d'être délaissées par le gouvernement israélien. Un simple sentiment d'abandon ? L'essentiel des familles rencontrées n'a pas reçu un seul appel des autorités israéliennes, une seule visite. Si ce n'est pour leur annoncer, habituellement par deux soldats, la mort de leur enfant, de leur mari ou de leur épouse. La France ne s'est pas contentée d'un hommage officiel et public. Dès que le consulat ou l'ambassade de France en Israël apprenait la présence d'un otage français dans la bande de Gaza, un suivi de la famille était effectué. « Chaque jour ou presque, je recevais un appel de leur part, ils venaient aux nouvelles », se souvient Armand, le père de Reouven, blessé par les combattants du Hamas. Très vite, des rencontres avec les autorités françaises ont été organisées. Daniel Toledano, Galit Dan Jaoui, Meitav Journo, les proches de Céline Ben David et d'autres participent à ces rencontres, en présence notamment d'Emmanuel Macron ou de Catherine Colonna, alors ministre de l'Europe et des Affaires étrangères. « C'était très fort, nous les avons sentis très sincères et impliqués alors même que nous ne résidons plus en France », glisse Yohann, le père de Yitzhak. Ce soutien a profondément marqué les Franco-Israéliens concernés par le samedi noir.

Le Fonds de garantie des victimes des actes de terrorisme et d'autres infractions (FGTI) a été sollicité par la France. Financé par un prélèvement obligatoire sur les assurances de biens, ce fonds indemnise toutes les victimes de nationalité française blessées, ainsi que les ayants droit des victimes décédées, et ce quel que soit le lieu de l'attentat. Les ayants droit des victimes décédées peuvent être les enfants, parents, grands-parents, petits-enfants, ainsi que les frères et sœurs.

En Israël, un système d'aide existe, mais sa couverture est bien plus réduite. Les grands-parents des victimes ne sont pas concernés, les séances chez les thérapeutes sont réduites au minimum, et il n'y a pas d'indemnisation lors d'arrêt maladie pour les parents des défunts.

La plupart des proches des victimes n'étaient pas au courant de l'existence de ce fonds français auxquels ils étaient pourtant éligibles. C'est grâce à leur avocat et à l'association israélienne One Family que les dossiers sont montés. Fondée il y a plus de vingt ans, One Family aide toutes les victimes du terrorisme anti-israélien, quelle que soit leur religion ou leur nationalité. Elle est l'une des organisations venue pallier les lacunes de l'État hébreu à la suite du 7 octobre. Aides administrative et financière, programmes thérapeutiques etc., tout est pensé pour que les bénéficiaires puissent surmonter leur traumatisme et réintégrer la société. Ainsi, quelques mois après le 7 octobre, One Family a organisé un séjour pour les enfants orphelins de l'attentat : une cinquantaine de jeunes sont partis au Mexique, encadrés par des professionnels. Des actions nécessaires dans un pays au système aujourd'hui très anglo-saxon, loin de l'État-providence de ses débuts.

Israël, à sa création, se donne pour but de construire un État dans lequel les Juifs du monde entier pourraient être en sécurité - mais aussi où chacun serait aidé par la collectivité afin de préserver des conditions de vie satisfaisantes. Dans cette logique de solidarité, la constitution d'un État-providence, qui garantit de répondre aux besoins essentiels des individus - dans la lignée de la tradition républicaine et socialiste française - apparaît comme naturelle. Ainsi, le 25 janvier 1949, les élections législatives qui se déroulent pendant la guerre d'indépendance amènent le parti ouvrier Mapaï en tête du scrutin. Durant trois décennies, ce parti travailliste dirigera Israël et démontrera l'attention portée à la dimension sociale du projet sioniste. À ses débuts, Mapaï défend donc les couleurs bleue et blanche de la nation israélienne indépendante, ainsi que le rouge pour l'émancipation des travailleurs. Certains y voient là l'essence même du peuple et de la nation israélienne, d'autres considèrent cette double quête comme une impasse politique. Pour l'historien Zeev Sternhell, les sionistes socialistes ont toujours privilégié la construction nationale d'Israël au détriment des avancées sociales, ce qui expliquerait leur déclin progressif jusqu'à atteindre moins de 4 % aux élections législatives de 2022. Ce serait, selon lui, de cette contradiction interne entre un projet universaliste et un projet nationaliste que résulterait une incapacité à produire une politique efficace et cohérente, incapacité qui aurait causé la perte du parti et de son projet politique. Mais force est de constater que le parti travailliste est celui qui a en grande partie fondé les bases institutionnelles de l'État politique et social israélien, dans le cadre d'une situation géopolitique très instable, où la guerre est permanente. Au sein d'une population composée au deux tiers d'immigrés sans capital, il a fallu assurer une sécurité alimentaire, fournir des logements, une éducation à des milliers de personnes. Le projet du parti travailliste n'est donc en rien une utopie lointaine, il a bien abouti à un ensemble de réalisations sociales qui n'ont pas été à la hauteur de l'espoir de paix et de solidarité porté par la gauche. C'est cette tradition politique qui permet à Israël de garder en mémoire ce rêve de l'État-providence pacifique aujourd'hui encore.

Pour les personnes blessés, ainsi que les ayants droit de celles décédées, bien que les indemnisations ne puissent compenser la souffrance liée à la perte d'un proche, ce geste inscrit dans le droit français est une reconnaissance par la France de leur statut de victime du terrorisme, et du lien indéfectible avec leur pays d'origine.

C'est l'honneur de la France d'avoir reconnu que deux otages remplissaient les conditions de l'obtention de la nationalité française. À ce titre, ils deviennent, officiellement, les enfants de la France et cette dernière est en droit de s'inquiéter de leur sort. Bien que mariés à des Françaises, pères d'enfants français, Ofer Kalderon et Ohad Yahalomi n'avaient pas entamé les démarches afin d'accéder à la nationalité. Une demande que ces otages, aux mains du Hamas, ne pouvaient plus personnellement formuler. Ainsi l'État a-t-il été bienveillant, avec l'accord des proches. À travers cette reconnaissance, il s'agissait aussi de peser sur les négociations et essayer de les sortir de l'enfer comme ont pu le faire également les États-Unis ou la Russie. Ofer Kalderon et Ohad Yahalomi se sont donc vus attribuer la nationalité française, permis par une lecture favorable du droit, à la suite de leur enlèvement. Sans en faire de la publicité, par crainte à la fois d'affaiblir les démarches vis-à-vis des ravisseurs et, même dans cette période troublée, susciter des réactions hostiles voire antisémites.

Néanmoins, une double nationalité n'est en rien une garantie de libération. Bien que des otages français, russes ou américains ont été libérés, d'autres ont été assassinés, le 30 août dernier.

Cependant, la France a-t-elle pris toutes ses responsabilités ? A-t-elle rempli ses engagements à l'égard de ses enfants qui ont parfois fui un pays ne parvenant plus à les protéger ?

D'un point de vue juridique, selon certains observateurs, l'État aurait pu diligenter des enquêtes, il ne l'a pas fait. C'est ce que déplore l'avocat français d'une douzaine de familles franco-israéliennes victimes du 7 octobre, Me Nathanaël Majster : « Pour des raisons politiques, les autorités françaises ont préféré rester observatrices sur le plan pénal. Elles n'ont pas ouvert d'enquêtes de leur côté pour financement de terrorisme ou crime contre l'humanité, par exemple. » L'avocat a transmis plusieurs témoignages de clients survivants au procureur national antiterroriste. Le fait que des civils palestiniens aient été présents lors des massacres revient régulièrement. Une de ses clientes, habitante d'un kibboutz, parle d'un « groupe de civils », composé à sa grande surprise « de femmes et d'enfants de tous âges, dont des tout petits, ayant des cris et les pleurs caractéristiques ». Certains ont cherché à forcer la porte du mamad, de l'abris. « On peut penser qu'outre le pillage, ces civils étaient motivés par la prime offerte par le Hamas en cas d'enlèvement de civils israéliens », souligne l'avocat qui réclame des poursuites judiciaires. « La présence de ces civils palestiniens, hommes, femmes et enfants doit faire l'objet d'enquêtes approfondies dans la mesure où ils étaient sur place le 7 octobre, soit pour tuer en coaction avec les attaquants du Hamas ou des groupes terroristes impliqués à ses côtés, soit pour détruire et voler, soit pour commettre des enlèvements. »

Les autorités françaises ont ouvert ce que l'on appelle une « enquête miroir » qui repose simplement sur la réception des éléments de l'enquête israélienne. « Le procureur national antiterroriste avait une autre option que nous lui avions proposé : ouvrir une information judiciaire confiée à une juge d'instruction sous la qualification de crime contre l'humanité et demander aux enquêteurs de l'Office central de lutte contre les crimes contre l'humanité de se rendre sur place afin d'offrir une coopération opérationnelle aux israéliens. Mais, d'une part, cette qualification a été refusée, pour des raisons liées à la pusillanimité de l'autorité judiciaire qui veut se garder de toute critique émanant des milieux communautaires ou politiques, et, d'autre part, l'Office est sans moyens et la mission a été jugée trop importante », estime l'avocat. Dès lors, la justice française est suspendue à l'enquête israélienne dont on ne sait rien pour le moment.

Pour les Français juifs qui demeurent en France, la question de leur avenir au sein du pays qui est le leur a été relancée au lendemain du 7 octobre. Ceux qui ne veulent pas partir à l'étranger ou qui n'en ont pas les moyens prennent alors souvent le chemin de la discrétion, voire de l'invisibilisation dans l'espace public. L'incertitude de sa condition en tant que juif constitue un échec pour la France alors que l'État peine à leur garantir une place dans une société en prise à un antisémitisme tantôt latent, tantôt virulent.

TROISIÈME PARTIE

Demain : une France sans Juifs ?

1

Le renouveau de l'antisémitisme en France

Si les autorités françaises semblent avoir été à la hauteur de l'événement - autant qu'il est possible de l'être dans cette situation de « longue urgence » en terrain étranger -, le peu de solidarité de la part de la grande majorité de la société civile interroge. Ce manque de solidarité est d'autant plus frappant au moment où l'antisémitisme atteint le sommet de sa virulence depuis la Seconde Guerre mondiale, comme en témoigne le nombre d'actes antisémites recensés ces dernières années. La France n'est pas la seule concernée, mais elle a dans ce paysage une situation historique sans égal.

Dès le Moyen Âge, la France et le judaïsme se sont nourrit. Fils d'Isaac le Français, le vigneron et rabbin Rachi en est la parfaite représentation. Considéré comme le commentateur par excellence de la Torah et du Talmud, Rachi, de son nom complet Rabbi Salomon de Troyes, est celui dont l'exégèse occupe la fameuse colonne de droite des textes sacrés. Ce penseur universel a contribué à bâtir des ponts entre monde chrétien et monde juif dans la mesure où il est aussi une référence pour les chrétiens. Son apport linguistique à la langue française est immense : si les chrétiens utilisaient le latin, Rachi était un adepte de l'ancien français, ce qui fait de ses gloses des textes étudiés par les linguistes d'aujourd'hui. Le bibliste serait le Français le plus traduit dans le monde depuis dix siècles. Car la France est à la fois le premier pays de l'émancipation des Juifs, au moment de la Révolution française, et celui de l'affaire Dreyfus – laquelle va précipiter l'idée qu'il n'y aura pas en Europe de solution du « problème juif » au bénéfice des Juifs et de leur intégration à égalité. C'est ce que va en conclure Theodor Herzl, même si, le 12 juillet 1906, la cour de cassation réhabilite le capitaine Dreyfus. Mais l'instrumentalisation de l'antisémitisme n'a jamais cessé à droite, et même à gauche. C'est Léon Blum qui serait un « talmudiste subtil », et à ce titre ne pourrait, selon l'extrême droite de l'époque, être à la tête d'un vieux pays gaulois. C'est à gauche l'utilisation du nom de Rothschild pour stigmatiser dans les années 60 Georges Pompidou, et encore récemment Emmanuel Macron, parce qu'ils ont travaillé dans des banques privées dans une sorte de resucée du « socialisme des imbéciles » qui associe Juifs et capitalisme aux dépens des travailleurs. Ou encore la stigmatisation de Daniel Cohn-Bendit comme « anarchiste allemand[1] » par les dirigeants communistes en Mai 68, au moment où une partie de la presse française lui reprochaient ses origines juives[2] et poussaient à son expulsion de France.

En fait, depuis la Seconde Guerre mondiale notre pays a toujours été tiraillé entre la résurgence d'une forme d'atavisme antisémite d'un côté, et l'espoir porté par l'héritage de la Résistance amplifié par

1. Le 3 mai 1968, dans le journal du Parti communiste français *L'Humanité*, Georges Marchais s'indigne : « À l'Université de Nanterre, par exemple, on trouve : les "maoïstes", les "Jeunesses communistes révolutionnaires" qui groupent une partie des trotskystes ; le "Comité de liaison des étudiants révolutionnaires", lui aussi à majorité trotskyste ; les anarchistes ; divers autres groupes plus ou moins folkloriques. Malgré leurs contradictions, ces groupuscules - quelques centaines d'étudiants - se sont unifiés dans ce qu'ils appellent "Le Mouvement du 22 Mars - Nanterre" dirigé par l'anarchiste allemand Cohn-Bendit. » Le 21 mai, l'arrêté d'expulsion du ministère de l'Intérieur pour trouble à l'ordre public tombe, et Daniel Cohn-Bendit doit partir.

2. « Ce Cohn-Bendit, parce qu'il est juif et allemand, se prend pour un nouveau Karl Marx » et « ce Cohn-Bendit doit être pris par la peau du cou et reconduit à la frontière sans autre forme de procès », peut-on lire, le 2 mai 1968, dans l'éditorial de l'hebdomadaire *Minute*, classé à l'extrême droite.

la geste gaullienne et l'idéal républicain de l'autre. C'est cette image d'une France qui a pu reconnaître l'innocence d'un capitaine juif qui a fait dire au père d'Emmanuel Levinas qu'elle ne pouvait être qu'un pays où les Juifs seraient heureux, et qu'à ce compte-là il valait mieux fuir l'Empire russe. C'est ce qui explique que, de 1948 à 1967, la France accueille environ deux cent trente-cinq mille Juifs d'Afrique du Nord, en particulier venant d'Algérie - alors département français. Et ce malgré l'abandon des Juifs qu'aura été la période de Vichy et l'annulation pendant trois ans du décret Crémieux qui, en 1870, avait attribué automatiquement la citoyenneté française aux Juifs d'Algérie. Car les Juifs d'Algérie en particulier ne se sont pas dirigés vers Israël, comme l'on fait nombre de Juifs marocains ou tunisiens.

En un quart de siècle à partir de la fin des années 50, la population juive triple en France, phénomène unique en Europe après la Shoah, et signe que notre pays apparaissait comme une terre où il ferait bon vivre pour les Juifs. Nous sommes alors loin des envies d'alya qui traversent aujourd'hui nombre de familles juives du fait du renouveau de l'antisémitisme, lequel réinstille massivement le doute sur la République française comme lieu sûr pour les Juifs. Le proverbe yiddish « Heureux comme Dieu en France » ou « Heureux comme un Juif en France » en témoignait assez : ce temps-là est peut-être révolu.

Dans ce contexte, qu'une partie de la classe politique et médiatique classée à gauche laisse entendre que chaque Français juif serait comptable de la politique israélienne, serait par essence du côté des « oppresseurs » ou des « génocidaires », et qu'un civil juif en Israël ne pourrait être victime car colon (même à l'intérieur des frontières d'Israël reconnues par l'ONU), est une faute morale. Ne pas être sensible à la situation des otages, en particulier de ceux qui ont la nationalité française, ne peut être interprété que comme le signe d'un désintérêt, voire d'un désamour. « Dans l'imaginaire de beaucoup, s'en prendre à un Juif signifie s'en prendre à un dominant », note le philosophe Gérard Bensussan. Il s'agit d'un ressentiment intellectualisé, il y a près de vingt ans, par le philosophe Alain Badiou - référence au sein de la gauche radicale - qui estimait dans son livre *Circonstances, 3. Portées du mot « juif »* que « le nom de "juif" est une création politique nazie, qui n'a aucun référent pré-existant ». Selon cette vision, c'est parce que certains s'identifient comme juifs qu'ils sont victimes de l'antisémitisme, car les Juifs n'existeraient que comme une création nazie. Une autre manière de dire que les Juifs sont toujours coupables de ce qui leur arrive, que les femmes juives violées du festival Nova sont coupables d'être allées danser si près de Gaza, et qu'en France le Juif qui se fait agresser parce qu'il porte une kippa est coupable de la porter et d'accepter ainsi « d'être une création politique nazie ».

À cela s'ajoute le soupçon selon lequel les Juifs auraient une double allégeance, qu'ils ne peuvent jamais être pleinement français, qu'ils ne peuvent pleinement représenter la France, comme cela a été dit d'Élisabeth Borne, Première ministre, qu'ils « campent » naturellement en Israël plutôt que de présider l'Assemblée nationale, comme cela a été dit de Yaël Braun-Pivet, ou encore que le lien entre position d'extrême droite et judaïté serait une évidence, comme cela a été dit d'Éric Zemmour.

Cette « nouvelle passion antisémite », selon la formule de Gérard Bensussan, est très présente au sein de la gauche radicale, et de longue date, se mélangeant à un « antisionisme des imbéciles[1] », selon la formule de Didier Leschi qui prolonge le « socialisme des imbéciles ». « Ce sont les porteurs de l'antisémitisme sous une forme contemporaine, avec un antisionisme haineux ayant peu à voir avec de la compassion à l'égard

---

1. « Misères de l'antisionisme contemporain », *L'Arche*, n° 695, novembre 2022.

de la souffrance palestinienne[1] », estime Gérard Bensussan. « L'accusation multifactorielle de déicide a muté avec l'imputation de génocide à propos d'Israël », explique-t-il. Une manipulation des mots qui permet d'inverser les figures. Le Juif n'est plus victime de la Shoah, mais devient nazi, quand, en face, les Palestiniens ne peuvent être que résistants devant une puissance qui serait génocidaire. Comme l'analyse Bensussan, « nous avons changé de paradigme. Dans les jeunes esprits, le symbole ultime de la violence n'est plus la Shoah, mais le colonialisme ». Du nord au sud, les Juifs peinent toujours à trouver leur place. « Les Juifs sont aujourd'hui pris en étau entre, d'un côté, un Occident qui pendant des siècles les a considérés comme un corps étranger à la société, et d'un autre côté, un Sud global qui les accuse d'être la pointe avancée d'un Occident génocidaire, pratiquant apartheid, colonialisme... »

L'engagement historique de la gauche contemporaine, inscrit dans l'affaire Dreyfus, échappe aujourd'hui à une partie des militants de gauche. L'époque où les étudiants de Nanterre lançaient, en soutien à Daniel Cohn-Bendit interdit de séjour en France, le slogan « nous sommes tous des Juifs

1. Rachel Binhas, « Otages français à Gaza, les grands oubliés », *Marianne*, 12 avril 2024.

et des Allemands » semble loin. « Après une parenthèse enchantée de soixante ans, l'antipathie diffuse éprouvée par les Juifs dans les sociétés européennes est revenue », décrit Bensussan qui y voit « une hostilité d'atmosphère comme au XIXe siècle, sans visée exterminatrice, où la détestation des Juifs peut s'exprimer dans les partis politiques, les associations, le monde de la culture, l'université... » Face à ce constat alarmant, comment alors rester optimiste dans ces circonstances ? L'idée d'une France sans les Juifs est ce que craignent de nombreux Français et Françaises attachés aux valeurs républicaines de tolérance et d'égalité.

2

Le jour d'après : une épreuve de vérité pour tous les Français

Les événements, au sens fort du terme, sont des épreuves de vérité autant que morales. L'épreuve de vérité pour la France a commencé le jour d'après le 7 octobre 2023. Chacun a pu prendre conscience de ce que valaient réellement les proclamations humanistes, féministes et pacifistes des uns et des autres.

Force est de constater que, face aux récits des horreurs subies par des familles, des femmes, des hommes, des enfants – qu'ils aient ou non un lien avec la France –, le refus de voir, de croire, d'entendre et de comprendre l'a emporté, confirmant ainsi une ambiance malsaine à l'œuvre dans notre pays depuis des années. Celle-là même qui a amené nombre de personnes respectables, engagées dans de multiples causes, à considérer que tout Français juif serait comptable de ce qui se déroule à Gaza ou en Cisjordanie, et donc coupable de crimes de guerre au même titre que Benjamin Netanyahou. Une fois cette idée répandue comme une évidence, comment concevoir alors une compassion pour les Franco-Israéliens ? Quelle place pourraient-ils avoir dans notre conscience nationale ?

Le jour d'après le 7 octobre permet de comprendre que pour beaucoup une victime juive pourrait même perdre sa qualité juridique de Français parce que juive.

Comment expliquer que des militantes, indéniablement féministes à Paris, aient estimé ne pas pouvoir « croire la parole des femmes » victimes, violées, quand elles évoquaient une réalité vécue en Israël ? Comment expliquer que des militants des droits de l'homme aient été incapables d'un humanisme minimal envers les victimes civiles israéliennes, comme ils en ont fait preuve pour les victimes gazaouies ? Qu'ils puissent au fond considérer que tout Israélien est un soldat colonisateur, et tout Gazaoui un innocent martyrisé ?

Comment expliquer qu'au lendemain du 7 octobre, et même un an après, alors que l'information existe, nombre d'intellectuels, de responsables politiques ou de journalistes continuent d'adopter une sorte d'attitude intellectuelle qui rappelle, en pire, la cécité des compagnons de route du stalinisme telle que l'histoire intellectuelle française en a regorgé, y compris chez les penseurs les plus illustres ? Car – qu'on s'en souvienne – si Jean-Paul Sartre sur la fin de sa vie intellectuelle et militante a réaffirmé défendre le droit d'Israël à exister, n'épousant pas les opinions de ses camarades gauchistes en la matière, il est aussi celui qui, au plus fort du totalitarisme stalinien, pouvait affirmer de manière sentencieuse afin de clouer le bec au philosophe Maurice Merleau-Ponty soucieux de ne pas confondre humanisme et terreur : « Tout anticommuniste est un chien, je ne sors pas de là, je n'en sortirai plus jamais. » Heureusement, il en sortira.

Le jour d'après le 7 octobre a donné naissance à une sorte de réinvention d'un stalinisme de la pensée, qu'on pourrait résumer par cette affirmation : quoi qu'il fasse, le Hamas a toujours raison, comme jadis l'Union soviétique. L'islamisme n'existe pas – comme le communisme réel n'existait pas. Au moins les compagnons de route du stalinisme pouvaient avoir comme excuse la fascination qu'exerçait sur eux la patrie du socialisme, l'excuse de la dévotion envers le « petit père des peuples », comme Staline était appelé par ses thuriféraires, grâce au bénéfice qu'il put tirer du sacrifice courageux des soldats soviétiques pour vaincre le nazisme et libérer Auschwitz. Et comme excuse aussi, la force des appareils de propagande qui aidaient à ne pas voir ce qu'il en était vraiment, surtout quand on ne le voulait pas, qui aidaient à cacher l'enfer du Goulag que des voix minoritaires ou peu entendues dénonçaient pourtant, comme celle d'André Gide.

Or, tout au contraire du stalinisme, le mouvement de la résistance islamique, le Hamas, ne cache pas sa vérité. Il a tout fait - et continue de le faire - pour rendre la terreur exercée contre les civils la plus visible possible. L'opération du 7 octobre et ses suites, c'est la volonté de diffuser ce qui avait été filmé. Le projet de société du Hamas est l'enfer des images captées grâce aux caméras GoPro des terroristes, qu'ils ont pris un plaisir sadique à diffuser auprès des familles des victimes. S'il était possible de se bercer d'illusions concernant le stalinisme, là ce ne sont pas seulement les récits des victimes qui attestent l'enfer, c'est bien la propagande elle-même du Hamas.

La politique du Hamas, c'est la terreur assumée dont il fait la propagande sans honte aucune, mais qu'ici on ne veut pas voir, comme beaucoup n'ont pas voulu voir les films qui ont montré cette terreur dans toute sa crudité. Le Hamas s'en vante, de cette terreur, ses admirateurs aussi : on peut tuer des Juifs en Israël comme partout, voilà le sous-titre de la terreur.

Le groupe islamiste se montre indifférent au terrible retour de flamme vengeur de l'État israélien à la suite du samedi noir, générant destructions, morts d'enfants et de civils pacifiques qui ne peuvent laisser indifférents et que l'on est même en droit de juger excessifs. Mais l'organisation terroriste se moque manifestement du peuple qu'il prétend défendre et sur lequel il exerce son pouvoir autoritaire. En ce sens, ce peuple gazaoui peut être perçu comme victime de la barbarie, le cœur du projet politique du Hamas.

L'après-coup du 7 octobre soulève des questions troublantes : pourquoi en France la terreur diffusée à travers les vidéos de tortures, de brasiers, des joies sadiques n'a-t-elle pas heurté massivement les sensibilités ? Pourquoi ces sons de meurtriers annonçant à leur mère, avec fierté, qu'ils iront au paradis parce qu'ils ont pu enfin tuer « dix Juifs » n'ont pas suscité jusqu'au Parlement des cris unanimes de douleurs républicaines ? Pourquoi les corps de civils profanés, de femmes violées ou découpées avant d'être assassinées, de parents qu'on tue pour mieux enlever leurs enfants, ne suscitent toujours pas un opprobre généralisé ?

Ce qui atteste cette indifférence, c'est le fait que des députés ont pu se faire élire ou réélire à l'Assemblée nationale ou au Parlement européen tout en soutenant des méthodes de lutte qui peuvent être définies comme celles d'un fascisme islamique. Puisqu'il apparaît évident que c'est la haine du Juif, plus encore que de l'Israélien, qui a donné l'élan à la force mortifère qui a généré toute cette horreur, et non seulement la volonté de lutter contre une oppression ou des conditions de vie indéniablement difficiles à Gaza.

Comment se fait-il que, même en France, un projet politique qui considère que les Juifs n'ont pas leur place sur terre puisse échapper aux interrogations, et n'invalide pas aussitôt tout soutien au Hamas et à ses alliés du Jihad islamique ? Comment expliquer qu'au contraire il ait pu générer une pétition de soutien à Mme Rima Hassan et à ses amis, réunissant des universitaires et des écrivains de renom - jusqu'à un Prix Nobel de littérature -, la fine fleur de l'intelligentsia radicale se dressant en défense du mot d'ordre « du fleuve à la mer, la Palestine sera libre » ?

À aucun moment ces pétitionnaires ne se posent la question suivante : où devraient aller les huit millions de Juifs israéliens dont la grande majorité est née après la création de l'État d'Israël, alors que les pays qui les entourent ont pour caractéristique de ne pas considérer les Juifs comme des citoyens comme les autres ? Quelles garanties serait-il possible d'obtenir pour les Israéliens juifs dans un État qui ne serait plus le leur, mais dominé par des forces politiques qui ne sont pas laïques, qui considèrent que la charia doit être au fondement de tout ?

Devraient-ils revenir en Europe, alors même que leurs parents en ont été chassés dans les conditions que l'on sait ? Croient-ils que les Israéliens d'origine polonaise pourraient récupérer leurs demeures ? Devraient-ils malgré tout retourner en Irak, pays qui comptait plus de cent mille Juifs, chassés au moment de la création de l'État d'Israël, où la charia domine et où les Yézidis ont été victimes d'un génocide réel ? Au Yémen, où les Houthis considèrent que les seuls bons Juifs sont des Juifs morts ? Ou dans n'importe quel autre de ces pays voisins d'Israël qui n'acceptent pas l'égalité de traitement entre musulmans et non-musulmans, et qui ont de ce fait vu disparaître toutes les minorités chrétiennes qui coexistaient avec les communautés juives, avant même l'arrivée de l'islam ?

Il faut dire que cette pétition était à l'initiative d'une historienne se revendiquant d'une extrême gauche ayant remplacé le combat social par la défense des « non-Blancs », et qui n'hésitait pas à affirmer après le meurtre d'Ilan Halimi que l'antisémitisme en France demeurait « très minoritaire » et serait « supplanté par des stigmatisations ayant principalement l'islam pour cible ».

Comment expliquer ce qui se passe en France au lendemain du 7 octobre, alors que les Franco-Israéliens, des Français qui ont avec notre pays de multiples liens, ont été parmi les victimes les plus nombreuses, et qu'est encore présente en France la plus grande population en Europe se revendiquant comme juive ? Et que ces liens n'ont pas suscité, comme nous l'avons dit en introduction, la compassion méritée ?

Tout cela n'est pas arrivé du jour au lendemain. Nombre d'esprits ont été préparés à ne pas voir, dans une bataille culturelle que le monde juif français a perdue, d'où son isolement que l'on mesure chaque jour un peu plus, et dont les victimes et les otages français à Gaza payent le prix fort.

Nier ce qu'est l'antisémitisme, voici ce qu'a été l'enjeu de la bataille culturelle menée depuis des années par les nouveaux ennemis du monde juif. Elle a été menée en laissant libre cours à cette obsession envers les Juifs qui fait que leur sont attribués des pouvoirs fantasmés : une toute-puissance dans les médias, une mainmise sur le gouvernement français aux ordres du Crif, une présidente de notre Assemblée nationale plus juive que française – c'est pour cela qu'elle « camperait à Tel-Aviv » –, une Élisabeth Borne qui ne pourrait parler pour la France de même que Blum le « talmudiste subtil » (ainsi que le stigmatisait l'extrême droite) ne pouvait pas être à la tête d'un « vieux pays gallo-romain », une domination sur la finance, une responsabilité dans l'origine des pandémies, la fabrication du pain azyme avec le sang d'enfants enlevés. Quand ils n'enlèveraient pas des enfants ou des adultes pour en prélever des organes – car les Juifs sont forts en médecine. On a entendu cela à propos de Gaza.

Tous ces fantasmes sont au diapason de cette charte du Hamas – que ses amis en France se refusent à croire, ou même à lire –, laquelle dans ses articles 22 et 32 rend les Juifs coupables du communisme et de la Révolution française, comme l'a fait longtemps l'extrême droite française. Car la Révolution française, voilà l'ennemi – et c'est pour cela que la France est un enjeu majeur de la propagande du Hamas.

Il a fallu en France qu'on en vienne à associer culturellement les Juifs à la négativité – à du néfaste – pour ne pas voir que le Hamas, c'est la haine de ce qui nous fonde. En faire un mouvement de résistance équivaut à cracher sur l'héritage de la Révolution française, celle-là-même qui a émancipé les Juifs en leur donnant le droit d'être des citoyens comme les autres. Et peut-être que les deux choses ont un lien : empêcher les Français juifs d'être des citoyens comme les autres en niant ce que nous avons construit collectivement depuis deux siècles. C'est aussi cela, une des conséquences du jour d'après.

3

L'oubli de l'histoire et ses conséquences

L'oubli de l'histoire est l'objectif de ceux qui cherchent à façonner l'avenir selon leur vision. Ils veulent faire oublier que la perception du foyer national juif a radicalement changé avant et après la Shoah. L'équation n'était plus la même, et les illusions n'étaient plus permises.

Il est important de rappeler – particulièrement à la gauche qui manifeste depuis peu une plus grande hostilité envers Israël – que cet État est né des idéaux de gauche. En 1948, c'est le vote de la France, sous l'impulsion des socialistes alors au gouvernement, qui a donné le signal au sein de l'assemblée de l'ONU pour reconnaître le droit des Juifs à créer un foyer national. Ce foyer avait pour première mission d'offrir un refuge aux survivants de la Shoah, que de nombreux pays européens refusaient d'accueillir ou dont les populations ne voulaient pas voir revenir ceux qu'elles avaient spoliés.

Il est déconcertant de voir comment certains, qui se prétendent héritiers de Léon Blum, peuvent cautionner l'idée que la création d'Israël n'aurait été que la volonté d'établir un « État ethno-racial », ainsi que l'affirme une résolution présentée en 2022 au Parlement et signée par 37 députés de diverses tendances de gauche, aujourd'hui regroupées au sein du Nouveau Front populaire. Il suffirait que ces parlementaires acceptent de voir l'Israël réel pour constater la diversité qui y règne : des Juifs de toutes les couleurs et origines, ainsi qu'une véritable créolisation incluant les Arabes, les Druzes, les chrétiens et les bahaïs d'Israël.

Une partie de la gauche semble ignorer délibérément le drame que vivent en Israël les partisans de la paix, alors qu'elle devrait les soutenir. Elle devrait prendre en compte le mouvement de protestation qui s'est manifesté pendant des mois, même avant le 7 octobre. Depuis cette date tragique, elle devrait être en contact constant avec le mouvement des familles d'otages, rappelant quotidiennement que rien ne peut justifier l'enlèvement d'enfants et de bébés, pas plus en Ukraine que dans les kibboutz.

Le mouvement pacifiste israélien a été la victime la plus tragique du 7 octobre, non seulement physiquement – à travers les attaques contre les kibboutz proches de Gaza et le festival de musique Nova –, mais aussi idéologiquement. Le Hamas n'a pas seulement tué, mutilé et violé des partisans de la paix, il a également donné des arguments à ceux qui pensent qu'aucune paix n'est possible. Le pogrom du 7 octobre a anéanti l'idée de fraternité transfrontalière que pratiquaient les habitants des kibboutz.

Dans nos universités et parmi notre jeunesse de gauche, le refus de considérer des victimes qui nous sont si proches, y compris celles ayant la nationalité française, se manifeste sous la forme d'un engagement passionné contre Israël. Être contre Israël est perçu comme la dernière manifestation d'une pensée « décoloniale ». L'étudiant juif n'est plus considéré que comme un « sioniste » qu'il faudrait exclure des facultés, sans que les enseignants s'en émeuvent.

Les Juifs de France font face à un silence paradoxal. Le conflit israélo-palestinien est omniprésent dans les médias, de France Inter à CNews, mais son traitement est souvent biaisé par un antisionisme ambiant. On ne compte plus les commentaires qui décrivent Gaza comme un « territoire occupé », ignorant le retrait israélien de 2005 et la destruction des vingt et une implantations qui s'y trouvaient. Le rôle de l'Égypte dans le contrôle de la frontière ouest de Gaza est souvent occulté, tout comme le fait que ce contrôle n'a manifestement pas empêché le Hamas de faire entrer les matériaux nécessaires à la construction d'un vaste réseau de tunnels à vocation militaire plutôt que de protection civile.

L'idée qu'il existerait une aile modérée du Hamas est parfois avancée, comme s'il pouvait y avoir un islamisme modéré alors que l'ensemble de ses dirigeants a cautionné l'horreur des crimes commis contre les civils. Notons que chez de nombreux commentateurs l'opposition à la politique israélienne emprunte souvent les mêmes notions que le vieil antisémitisme, celui de Charles Maurras en France ou des *Protocoles des Sages de Sion*, ce faux antisémite fabriqué par la police secrète du tsar au début du XXe siècle et auquel se réfère l'article 32 de la charte du Hamas.

Par antisémitisme, l'antisionisme est devenu culturellement tendance, dépassant les franges de l'extrême gauche radicale ou de l'extrême droite pro-palestinienne. Il est désormais à la mode de considérer qu'Israël, lieu où les Juifs d'Europe ou du monde arabo-musulman ont espéré être à l'abri de l'antisémitisme, n'est lui-même qu'une colonie – sans que l'on sache bien de quel pays. Certains vont jusqu'à le qualifier de « colonie de la domination blanche » mondiale, réduisant ainsi l'impérialisme à un problème racial.

Cette vision ignore la réalité démographique : la population arabe n'a cessé de croître depuis 1948, tant au sein d'Israël qu'à Gaza et en Cisjordanie occupée. Les témoignages des victimes que nous avons pu rencontrer n'ont eu de cesse de rappeler leur désir de paix, même après le 7 octobre, et leur conscience de partager un même drame humain.

C'est sous ce prétexte de colonisation que certains intellectuels comparent, sans honte, les soldats de Tsahal à des militaires allemands de la Seconde Guerre mondiale. C'est cette prémisse qui a pu justifier le cri indécent entendu à Sciences Po Paris : « Varsovie, Treblinka, et maintenant Gaza ! » C'est aussi cette idée de colonisation qui a pu justifier une autre comparaison proprement franco-française, assimilant les actions du Hamas le 7 octobre à celles du FLN algérien pendant la guerre d'indépendance.

Cette comparaison est non seulement absurde, mais elle oublie les débats qui ont traversé la gauche anticoloniale française au moment où le FLN utilisait des attentats aveugles et des crimes contre les civils. Il n'y avait pas qu'Albert Camus qui exprimait son effroi à l'époque, mais aussi le surréaliste trotskiste André Breton, qui déclarait même qu'on ne pourrait pardonner au FLN ses méthodes, lesquelles préfiguraient mal l'avènement d'un monde meilleur.

Que la gauche française ait oublié tout cela fait partie du tragique de notre époque. L'oubli de l'histoire, de ses nuances et de ses leçons, nous conduit à des simplifications dangereuses et à des positions moralement intenables.

4

Les Juifs de France face à l'antisémitisme contemporain

La pensée négative à partir d'Israël, ou comme prétexte, a pour effet de minimiser l'antisémitisme, tout en l'alimentant. Cette minimisation est allée jusqu'à ce qu'en 1977 le Mouvement contre le racisme, l'antisémitisme et pour la paix abandonnât dans son intitulé la lutte contre l'antisémitisme, devenant le Mouvement contre le racisme et pour l'amitié entre les peuples (MRAP), comme si l'antisémitisme n'avait pas nécessairement, au regard de l'histoire, ses spécificités.

L'antisémitisme est alimenté quand, par exemple, un ancien candidat à l'élection présidentielle, se déclarant de gauche, utilise cette antienne de l'antisémitisme : « les Juifs, peuple déicide ». Ou encore quand Alain Badiou, notre philosophe actuellement le plus traduit au monde, rompt avec la pensée des Lumières et de Jean-Jacques Rousseau en affirmant que le nom « Juif » serait un héritage que les nazis auraient laissé à l'Europe. Ou encore cette affirmation que le peuple juif serait « une invention ». On aurait envie de répondre : pas moins que d'autres, mais sans doute plus que d'autres, tant les haines accumulées, comme les malheurs dont le 7 octobre est le dernier épisode tragique, ont cristallisé sur des siècles un peuple autant que la référence à la Loi et l'espoir d'un retour à Jérusalem. Et une même identité qui peut être autant laïque que religieuse.

Mais on ne fait vraiment disparaître que ce qu'on remplace. Pour faire « disparaître » l'antisémitisme et avec lui la victime juive, comme faire disparaître ce qu'il y a de pogrom dans le 7 octobre, il faut le jour d'après réaffirmer que les musulmans seraient, en France, les nouveaux Juifs. Et dans ce contexte, c'est pour eux que devraient se lever de nouveaux Zola – et non pour les Juifs, ces « Blancs » qui auraient tous les privilèges. Et qui, de plus, seraient les fers de lance, à partir de la France comme d'ailleurs, de la colonisation, puisqu'ils proclament à Pessah « l'an prochain à Jérusalem ».

Il est du reste étonnant, sans que cela ne soit jamais relevé, qu'en se polarisant sur ce que serait l'islamophobie, ces Zola au petit pied semblent avoir oublié que les victimes du racisme peuvent être africaines sans être musulmanes. Mais comme il s'agit de dénier toute identité autre que religieuse aux Juifs, il faut les opposer aux musulmans pour mieux les faire disparaître, et croire ainsi faire disparaître le réel de l'antisémitisme. Ou faire croire que l'antisémitisme n'existerait que marginalement.

Et faire ainsi accroire, même le jour d'après le 7 octobre, que les musulmans seraient dans une situation comparable à celle des Juifs du temps de l'affaire Dreyfus ou sous les persécutions de Vichy, qu'ils seraient systématiquement tués au coin des rues par des policiers mandatés pour cela. Qu'ils seraient les vraies victimes du présent. Quitte à déformer la réalité – car s'il existe bien des actes antimusulmans, ce que nous dit la Commission nationale consultative des droits de l'homme (CNCDH) année après année, c'est qu'ils sont (et c'est heureux) sans aucune comparaison avec les actes antisémites. Et c'est même à l'honneur de notre pays que la CNCDH ait pu constater une baisse des actes antimusulmans après la vague d'attentats au nom de l'islam commis en 2015 (parmi lesquels *Charlie Hebdo*, l'Hyper Cacher, le Bataclan) et 2016 (dont Nice et Saint-Étienne-du-Rouvray). En revanche, en France, on a tué des Juifs parce que juifs. Un des enjeux du jour d'après, c'est de ne pas l'oublier. De par le monde, on tue des Juifs parce que juifs, en France moins qu'ailleurs. Mais plus que dans n'importe quel pays d'Europe.

Si l'on voulait paraphraser Sartre qui, après-guerre, tenta de mettre au clair ses *Réflexions sur la question juive* en affirmant que « le Juif est un homme que les autres hommes tiennent pour juif », nous pourrions ajouter : « et que les autres tiennent pour un coupable Juif, forcément coupable ». Et puisque les Français juifs sont par essence coupables, le départ de certains d'entre eux vers Israël n'aurait aucun rapport avec l'antisémitisme qu'ils subissent ici. Voilà une autre façon de nier l'existence d'un antisémitisme virulent en France, qui ne serait que le fantasme de certains médias ou responsables politiques cherchant à en faire porter la responsabilité aux musulmans pour les stigmatiser. Ce ne seraient que des coupables qui partent rejoindre le pays des coupables. Voilà ce que seraient les Français qui partent. Qu'importe qu'ils puissent y être enlevés, torturés, violés, c'est leur choix de coupable d'aller dans un pays de coupables. Sans même que soit mesurée la dimension cornélienne devant laquelle sont placés ceux qui veulent partir ou partent.

Les faits antisémites en France n'ont jamais été aussi nombreux. On n'en mesure vraiment la portée qu'à partir des enfants juifs. Depuis le rapport de l'inspecteur général de l'Éducation nationale Jean-Pierre Obin datant de 2004, il y a vingt ans, nul ne peut ignorer que rares sont les enfants juifs à pouvoir échapper au harcèlement parce que juifs au sein des enceintes scolaires. Et qu'il devient de plus en plus rare que soient scolarisés au sein des établissements publics des enfants juifs. Mais en même temps, depuis que Mohammed Merah a assassiné des enfants à Toulouse en mars 2012, les écoles juives peuvent être aussi un piège.

Autre danger guettant les Français juifs : un marranisme obligé, la nécessité de vivre cacher. Le risque de « l'assimilation » est pensé dès 1947 par Levinas, qui comprend la nécessité de séparer l'intime du public, tout en s'interrogeant sur le « type d'existence » auquel peut conduire l'assimilation, la non-visibilité juive[1]. L'insécurité, l'antisémitisme d'atmosphère qui s'est réveillé à la suite du 7 octobre, conduisent des Français aux racines juives à passer sous silence leurs origines. Mezouzah décrochées, changement d'identité sur les réseaux sociaux, les applications de VTC ou de service de livraison... Cette discrétion entraîne, à termes, une disparition de la culture et une absence de transmission familiale. Un comportement qui a des conséquences sur l'identité juive et sa place dans le paysage français.

Comme aujourd'hui, partir pour Israël peut être un piège. Car c'est aussi partir vers la guerre, c'est-à-dire quitter une insécurité relative pour une insécurité attestée. Les victimes que j'ai pu rencontrer

---

1. Emmanuel Levinas, *Être juif*, [1947] Payot-Rivages, 2015.

peuvent avoir de la nostalgie, mais ne regrettent pas leur choix qui fut celui de l'alya, ou celui de leurs parents. Les nouveaux partants seront-ils plus tard dans les mêmes dispositions ? Même en temps de paix (si cela existe), s'établir en Israël n'est déjà pas si simple, et il y a nombre d'échecs cachés qui sont autant de retours vers la France ou de poursuite de la fuite dans d'autres pays. Le coût de la vie, les difficultés à s'intégrer sur le marché de l'emploi du fait de la langue ou de l'absence de reconnaissance de certains diplômes, les salaires divisés par deux, sont autant d'obstacles que beaucoup ne parviennent pas à franchir. En temps de guerre, tout se complique. L'alya est une décision difficile : ce n'est pas seulement rejoindre un pays où l'on pourrait vivre son judaïsme sans difficulté ; c'est désormais admettre que son fils, sa fille ira à coup sûr se battre - puisque depuis 1948, toutes les générations d'Israéliens ont connu au moins une guerre. C'est admettre un des effets du jour d'après : qu'on ne peut échapper au réel de la guerre, celle qui est à présent la plus longue de l'histoire d'Israël.

Le jour d'après semble sans fin.

Victimes françaises (ou d'origine française) du 7 octobre

La liste complète des noms des otages n'a pas été officiellement divulguée. Nous présentons nos excuses aux proches des victimes dont les noms ne nous seraient pas parvenus.

Dolev Amouyal, 21 ans ; Arlette (Routy) Akoni, 67 ans ; Céline Bendavid-Nagar, 32 ans ; Adar Bensimon, 20 ans ; Dan Benhamou, 26 ans ; Naomie Bikhar, 19 ans ; Maya Bitton, 23 ans ; Ortal Bobtas-Benayoun, 23 ans ; Neta Bouaziz-Morali, 40 ans ; Shiraz Brodach, 23 ans ; Reouven Chicheportiche, 36 ans ; Carmela Dan, 80 ans ; Noya Dan, 13 ans ; Yochai Dukhan, 26 ans ; Yonatan Elazari, 19 ans ; Assaf Feber, 23 ans ; Ilan Fiorentino, 38 ans ; Amit Gabbay, 18 ans ; Elie-Valentin Guenassia, 22 ans ; Hadar Kama, 24 ans ; Hezi Hanom, 31 ans ; Orion Hernandez-Radoux, 32 ans ; Karine Journo, 24 ans ; Keshet Kassroti-Kalfa, 22 ans ; Hila

Keilin, 41 ans ; Jean-Paul (Roni) Levy, 80 ans ; Binyamin Loeb, 23 ans ; Sigal Levy, 31 ans ; Yitzhak Levy, 27 ans ; Nathan Lyiard, 20 ans ; Itay Moreno, 24 ans ; Roï Negri, 28 ans ; Yarin-Marie Peled, 20 ans ; Éric Peretz, 58 ans et sa fille Ruth Peretz, 17 ans ; Marc Perez, 51 ans ; Ran Poslushni, 48 ans ; Ori Rousso, 44 ans ; Hilly Solomon, 27 ans ; Ziv Shufan, 56 ans ; Daniel Sperber, 20 ans ; Moriah-Or Suissa-Krasetzky, 23 ans ; Or Taassa, 16 ans ; Elia Toledano, 28 ans ; Avidan Torgeman, 26 ans ; Laurie Vardi, 24 ans ; Michael et Osher Waknin, 35 ans ; Nathaniel Young, 20 ans ; Bar Zohar, 23 ans.

Otages libérés

Sahar Kalderon, 17 ans, et son frère Erez Kalderon, 12 ans ; Mia Schem, 22 ans ; Eitan Yahalomi, 12 ans.

Otages toujours prisonniers à Gaza

Ohad Yaalomi, 49 ans ; Ofer Kalderon, 53 ans.

Remerciements

Ce livre n'aurait jamais vu le jour sans la générosité et la disponibilité des proches des victimes de cette tragique journée. Cet ouvrage est pour eux.

Je tiens aussi à remercier particulièrement Michael Blum qui a le don d'ouvrir toutes les portes, Yaelle Krief pour sa rigueur et sa disponibilité, Stéphane et Séverine Amar ainsi que leurs enfants qui m'ont été d'un grand soutien, Oriella Bliah, si dévouée au sein de l'association One Family, ainsi qu'au Forum des familles d'otages et de disparus. Ma gratitude va également à Didier Leschi pour son aide au-delà des frontières, à Kévin Boucaud-Victoire et à Mathieu pour leurs conseils indispensables, et à Ayyam Sureau, qui sait lire entre les lignes.

Je remercie chaleureusement Muriel Beyer et Laurent Nunez pour leur confiance inaltérable.

Table

Composition et mise en pages
Nord Compo à Villeneuve-d'Ascq

CET OUVRAGE
A ÉTÉ ACHEVÉ D'IMPRIMER
SUR ROTO-PAGE
PAR L'IMPRIMERIE FLOCH À MAYENNE
EN SEPTEMBRE 2024

N° d'impression : 105561
Imprimé en France

Gaza, se sont vu proposer dès l'hôpital un traitement post-exposition sexuelle au VIH – celui donné après une situation à risque. Ainsi qu'un dépistage immédiat des diverses maladies sexuellement transmissibles. Et un test de grossesse.

Ces hommes, qu'ils soient affiliés au Hamas ou simples sympathisants, ont cherché à souiller les corps, à porter atteinte à l'intimité des victimes et à l'honneur de leur famille. Dans un classique des guerres barbares où l'on veut signifier à l'ennemi que ce sera sans merci. L'acte n'est pas individuel, singulier et autonome. Il ne s'agit pas seulement de répondre à une pulsion de violence sexuelle. La profanation de la femme de son ennemi par le viol est une arme de guerre qui vise la société tout entière. Violer des Israéliennes – des Juives – comme vengeance absolue et le faire savoir, c'est le terrorisme par le viol. La symbolique dit la volonté d'anéantir un peuple, de le marquer dans sa chair en souillant jusqu'à ses morts, en touchant à son honneur. D'où l'importance de la publicité autour de ces pénétrations forcées, accompagnées d'actes de torture et de cruauté. Symbole de fécondité, figure de la maternité, la femme – la mère – représente la vie, incarne la reproduction et donc la continuité historique et démographique des peuples. Dominer par la violence le corps des femmes, c'est atteindre à l'identité du groupe attaqué. En s'attaquant à des femmes, en les abîmant par là où on enfante, le viol devient alors une arme de nature génocidaire. *Un moyen*, au sens où l'entend en général l'anthropologue et ethnologue Véronique Nahoum-Grappe[1] qui a étudié les rapports entre sexe et violence. À travers ce langage nihiliste, les agresseurs passent un message à la société visée : la destruction du collectif doit être totale, et commise de la manière la plus violente possible. L'ennemi ne peut pas seulement être vaincu selon les règles de la guerre militaire contemporaine : « le tuer simplement est alors trop doux ; il faut lui faire regretter d'être né », écrit la chercheuse à propos de l'efficacité destructrice des violences sexuelles en temps de guerre. L'historicité de la pratique commence, petit à petit, à être documentée. À l'époque contemporaine, on trouve des comportements similaires en Bosnie, en ex-Yougoslavie, au Congo ou au Rwanda, par exemple.

Les combattants du Hamas et leurs sympathisants ont conscience de ce qu'ils font en s'en prenant à l'idée même de filiation, et ce d'autant plus que leur connaissance de la société israélienne, et du judaïsme leur fait parfaitement mesurer l'importance

1. Véronique Nahoum-Grappe, « Violences sexuelles en temps de guerre », *Inflexions*, 2011/2 (n° 17), p. 123-138.